清末民初文獻叢刊

出使公牘

（下册）

［清］薛福成　撰

朝華出版社
BLOSSOM PRESS

出使公牘卷之六

無錫薛福成叔耘

書函　致總理衙門總辦

六論滇緬界務書 癸巳

敬啟者客歲臘月初九日暨十六日肅布英字第三十七三十八號兩函計登　籤室厥後疊發六電布陳梗概旋奉　鈞署五電敬聆壹是滇緬界務迭經福成親赴外部晤該尚書勞偲伯里向之再三催促始訂元旦再行會商山特生約印度部侍郎貝雷與使署參贊馬格理仍赴外部集議彼族全神所注專在大金沙江東

之野人山地。繼乃漸露在潞江以東讓地之意。詢以所讓何地。據稱即送圖略而散。旋據送到科干地圖節略。

福成遣馬格理告以地太褊小。彼又訂正月十三日會議一次。允再於潞江以西讓地一處。其戶口與科干相等。卻未據送圖說。繼議野人山地。彼謂大金沙江以東中國老界以西須盡歸英統轄。馬格理與之力辯山特生云。必不得已。或作爲兩國甌脫之地。再就中間劃一分界之處。其東近中國者名爲東甌脫。歸中國管理。其西近大金沙江者名爲西甌脫。歸英國管理。馬格理因以

福成可允之意告之。詎料我甫應允。貝雷即云此事

尚須電商印督馬格理詰以此議發自外部並非使館之言外部必早與印督商定始能出之於口何再電詢之有貝雷不以爲然次日復邀馬格理往議詎云印度部尚書金白雷不肯答允且謂潞江旣經讓地則大金沙江以東野人山地應歸英轄野人山地旣作甌脫則潞江左右不能讓地馬格理詰以外部首崇信義豈可忽允忽翻山特生貝雷堅稱前說應作罷論現經福成設法磋磨屢次責問勞偲伯里並隱囑倫敦紳士在議院詰問英廷不應過徇印度之意致與中國齟齬妨礙大局外部頗爲著急意欲速了復於二十九日會議一

次仍未就緒總之野人山地與滇境毗連印督受武員之慫恿窺我滇西武備之廢弛未嘗不思得步進步若全佔野人山地卽可相機誘脅諸土司俾爲兩屬彼所以盡力爭之者在此福成所以盡力阻之者亦在此如山特生前次所許適與我之本計相合蓋大金沙江以東有一甌脫足以阻隔印度使其地不能生根無從侵軼滇西固宜其靳之甚堅不肯遽舍福成於初三日復率馬格理往晤勞偲伯里詰以外部自出此言豈可無端翻悔勞堅稱山特生並未請示自陳所見實係錯誤福成爭論良久勞始微露其意願允滇西老界稍加展

拓其瀾江東西兩地仍請收受並請稿成辦文照會再當酌復等語竊思彼族異常狡黠異常堅韌動輒借端停議迨用盡氣力催趲益緊亦必閱月經旬始議一次議又猝難合龍曷勝焦灼目下審度情形甌脫之議斷難辦到祇可就彼展拓之說見風收帆雖未能設天然藩籬但留此展拓形迹可使印度武員知中國讓地之不易或稍杜其侵占之意耳伏乞回明 堂憲爲禱肅泐布達敬請

台安 二月初五日

英字第三十九號

敬再啟者向來使署與外部商辦要務必須詳敘問答節略以備查攷此次理論滇緬分界事宜已逾半年英

之外部既狡猾而兼堅韌其印度部又強悍而兼狡黠互相串謀復互相牽掣以致議論游移事倍功半或此部允而彼部復悔或今日諾而明日復翻所言既不足爲憑追往返駁正彼此各執一辭而前後實多重複除關繫尤緊者迭經電陳外其餘已撮敘於迭次函牘之中此事應期會議與傳述語言皆係馬格理一人馬既承辦使館事務又合奔走外部實已萬分忙碌若再責其屢敘問答節略轉恐躭誤要務且馬不知漢文更多周折目下英法兩館人員差期屆滿其事理通達可以執筆者已有數人陸續銷差人手不齊此問答節略所

以稍欸之故・理合聲明・再請

台安・二月初五日

再論阿富汗侵擾蘇滿卡倫書癸巳

再咨歲六月連奉　鈞署來電疆撫電稱阿富汗佔蘇滿後進踞波孜納及家什激伯孜遷布民八九十戶赴什克南布目不從均捆去應告英飭阿賠禮償卹布回等因當時曾屢向外部理論外部允俟行查明確始能照辦惟英廷祗能電告印度總督而由印度至阿富汗由阿富汗至蘇滿及什克南多尚未通電線郵音往返動須數月正在根查之際忽俄兵遊獵帕米爾與阿兵鬨仗力爭蘇滿俄英阿三國正在口舌紛煩之際中國自不必插入其間是以暫緩詰問迨冬間俄兵旣退不

能不理前說頃始據外部函稱阿王查覆並無此事等語刻下時異勢殊蘇滿等處倘未知誰屬則查究布回之事亦可姑緩並乞回明　堂憲再請　台安二月初五日

七論滇緬界務及帕米爾事書 癸巳

敬啟者。四月杪奉到 堂憲吉字二十三號公函。並與歐使問答節略。敬聆壹是。 堂憲堅持大金沙江爲界之說。甚覺得勁。外部設法轉圜。未始不因乎此。自接外部三月二十三日來文以後。大致已覺就範。除節次電達梗概外。因候滇省詳查地名同電中間小有停頓。又自紅蚌河起至天馬關一帶邊界。亦係最關緊要。初因力爭野人山地。不暇旁及。近始與議此段。據云印度日內有詳圖寄到。即可開談。職處亦於五月初六日答彼來文。示以所分野人山地。不能愜意。蓋又爲紅蚌河以下一段作勢也．若此處議定．便可妥議商務．訂立條款．具疏覆陳．計已在秋深矣．車里孟連兩土司地形遼闊．實可抵內地半省．姚道前有英人誘爲兩屬之信．新設威邊一廳．亦從孟連土司地分出．又係卡瓦諸種舊地．英人因其向曾入貢於緬．遂欲索爲兩屬．以與野人山地相抵制．然此兩土司一廳．久在滇界之內．豈容稍更舊制．今彼允我收同全權．亦係堅索野人山地之力也．至孟艮土司地．亦頗大．今已分散爲十餘土司．皆在潞江以東．直與暹羅接界．英人以其屬緬已久．未肯讓我．僅分科干地歸中國．乃孟艮之迤北一隅耳．舊八募作埠之說係本曾侯前議三端而來客歲外部屢稱丙戌立約以後當另起鑪竈於所謂三端者堅不承認福成恐徒勞無功不得不另闢畦徑改爲索野人山地之說扼定主腦與之力爭今計所得權利較之三端又互有異同矣惟商務尚未開議設埠係商務中事舊八募雖難索爲我埠新街設一租界或可辦到以商務須求彼此有益也帕米爾事俄外部雖允英使之請暫不派兵入帕然聞英俄各派員入帕察看一節至今尚未成議帕境西南一面俄人亦未與商其意或欲俟中國事有眉目再與英人會商亦未可定俄人狃於從前黑龍江

一帶獲地之太易得步進步貪求無厭即如光緒十年所定喀約因承辦此事者倉猝未及攷究不免受彼欺朦遂有自烏仔別里往南之說今已無可奈何然俄人自知理曲決不肯輕於發難如　鈞署與許竹篔使堅持喀約力與磋磨似可不再有所讓也海禁自嘉慶以後實已早弛細核美續約第五條語意則舊例不刪而自刪確有證據今遵照　堂憲指示恭疏具陳然此不過爲之嚆矢即使議准之後所以使疆吏實力奉行不致徒成具文者仍覩　鈞署精神之所注此百餘萬華民所喁喁感戴者也以上各節伏乞囘明　堂憲爲禱肅

沵布達敬請

台安。五月十五日

英字第四十二號

論坎巨提照舊進貢書 癸巳

再承 堂憲示及英領兵官司勒答復陶方之中丞照會語意太覺自專直以坎部爲印度所管中國官吏無須飭諭貢與兩屬之義不符等因前奉 鈞電因俄人有中國已將坎部讓與英國之謠擬派員駐坎爲兩屬憑據以杜俄口而爭小帕米爾曾向外部商議據克蕾答云坎本兩屬英未損我權若欲權反加於舊則難小帕地屬中國各國皆知可嚴拒之已發電布陳在案今復趁彼兵官之出言背理告以中國不能不派員否則彼之兵官蠻橫自專不顧體制將兩屬者漸變爲專屬

中國豈能甘心退讓爭論良久外部始稱與印度部妥商再覆　鄙意彼如允諭飭兵官一切均照原議辦理亦勿干與華官與坎部交涉之事自可姑允所請徐觀其後俟得的音當由恰克圖電布陳再去秋張都司鴻疇等赴坎會立頭目後據稟稱各項禮節尚稱妥洽惟於封立時曾向坎酋言及歲貢舊例英官輒攔阻云此事應由兩國大員議定後飭遵　敝處接到此信即向外部理論告以此事早經議定何以英官復有此說明係不阻之阻外部亦已囑印度部轉飭英官如坎部入貢中國該員不必與聞　敝處亦已函致喀什噶爾李道囑其

自向坎部徵貢並以英官必不攔阻。明告坎酋矣。請即

同明　堂憲。知照陶方之中丞。飭屬遵辦。爲禱。肅泐。再

請　台安。五月十五日

論與法國聲明瀾滄江外滇屬土司書 癸巳

敬啟者。法國與暹羅啟釁一事。已兩次電陳梗概在案。數月以前。法國羣議洶洶。咸謂暹羅湄江以東之地。係越南與柬埔寨即眞臘兩國舊壤。兩國既已歸法保護。湄江東岸均應劃歸法國。湄江即瀾滄江下游也。初時暹羅未肯就範。兵釁遂開。警信日至。駐英暹使遣其參贊前來。探問中國能否設法相助。福成囑馬格理告以該國久輟朝貢。一旦有急。勢難援手。姑以此說卻暹使之請。然就大計而論。中國未嘗不隱懼暹羅之亡也。英廷爲暹羅之事。連日聚謀。頗形忙碌。并密勸暹人速與法和法人隱慮中英兩國之援暹遂未敢窮其兵力兩發戰書要以割地賠餉暹人一一依允現正互商和約惟湄江東岸既盡歸法國法地多與雲南接壤該外部所以有屢催分界之說竊查車里土司轄境甚廣有四大城在湄江以西八大城在湄江以東東境今皆與法毘連近見法人新刻地圖竟將車里東八城劃入法國界線之內似豫爲將來爭地張本意殊叵測然車里東八城屏蔽南徼關繫臨安開化普洱各府形勝萬一稍爲所侵彼必蹈瑕伺隙得步進步滇疆之患不可勝言福成因囑參贊慶常赴外部詰問外部答稱圖中本已聲

明尚難作為實據且云湄江東西滇屬土司之地法國願不侵佔彼因邏事未了措詞尚屬和順所以電告擬仿英廷辦法乘其未生覬覦之時速商外部依言寫立憑據彼既無可狡賴勘界雖稍緩亦無妨礙矣至議界一節近數月內自不值於法邏多事之秋攙與其間轉嫌示弱似應電告滇帥遴派幹員將車里東八城界限及湄江以東各土司密速勘查俟詳覆到後開議方有依據商辦或在一年之後福成交卸在邇病體難支久客思歸擬將詳細情形告知龔仰蘧星使俾得相機因應抑或由鈞署與李梅妥議大約此事籌之豫而了

之速。必可順手。若辦理愈遲。則愈恐枝節叢生耳。以上各端。應請回明　堂憲爲禱。附呈英上議院問答節略。即可知法暹近事梗概。肅泐布達。敬請　台安。六月二十八日

英字第四十四號

譯泰晤士報載英上議院問答節略西六月二十一日

沙侯問於外部尚書勞偲伯里曰。暹羅允法之賓在條款。未悉可以告知議院否。答曰。法人兩次戰書。第一次暹人於禮拜六晨約十點半鐘承允。第二次法廷謂即第一次戰書補編。此書條款。我於今日下午方知消息。亦經暹羅答應矣。第一次戰書六條。一認

柬埔寨及越南有至湄江左岸及各島之權。二限一月之內，所有湄江左岸暹羅兵寨，全行退出。三侵凌湄南江法船水手及寓暹法民，須愜意賠禮。四懲辦罪人，並賠銀給受害者之家眷。五各種受虧法民應賠補法銀二百萬佛郎。六擔保照行第四第五條所開之事，暹羅須立即出銀三百萬佛郎，如不出銀，即將先利潑及班德本兩處歸法國收稅。第二次戰書四條：一法國佔踞湛地門江及岸，待暹兵退出江左岸，然後讓還。二離湄江二萬五千尺地內，不准暹羅兵入其地。三暹羅兵船不得入大湖。四法國有設立

領事於孟范及哥拉脫之權·

八論滇緬界務及辭行　國書書　癸巳

敬再啟者滇緬界務自接外部三月二十三日來文以後大致已覺就範惟由穆雷江以南至太平江以北中間邊界最關緊要迭與外部妥議外部囑待印督所寄詳圖及所查兩國邊界憑據既多停頓加以勞偲伯里與山特生等或養病或避暑累次下鄉動輒稽延旬月洋人辦事之遲緩實過於中國遠甚漢龍天馬兩關經福成再四磋磨雖已許歸中國總須於勘界時格外留意又查印度所繪鐵壁虎踞兩關似較中國舊圖稍移而東或疑係印員之詭計冀我不能確指彼即可售其

欺或關有東西兩口皆有十餘里數十里之長彼但就東口塡寫致滋歧異現與外部切實理論彼亦不能强辯擬儘三箇月中將界務商務約章一概議結似不再拖延矣再前此劉芝田星使回華在英則遞
國書辭行在法則仍循舊例未遞
國書全彼體面已將問答節略鈔咨　冰案竊思英法兩國遇事多相競之意此等虛禮在我能一視同仁尚無所損而於邦交則有裨益擬請回明　堂憲裁示爲禱再頌
台安六月二十八日

論法使李梅覬佔車里土司書癸巳

敬啟者前接六月二十五日　鈞電李梅請我議界所擬界綫在緯綫二十三度零覬將車里全境佔去已駁其誤希設法探訪車里貢暹之若干處若何名目能得詳圖尤妙等因查法人初與暹羅啟釁頗鑒於越南一役時時以中國干預爲虞又慮英人隱勸中國合力助暹故法外部兩次與參贊慶常晤談聲明不欲傷中國權利福成初聞法藩部所印地圖擅將車里全境劃去又聞有擬綫至二十三度之意因囑慶常向外部詰問外部謂車里劃在中國界外係照英國舊圖所繪本不

作爲證據至北至緯綫二十三度之說則諉爲新報傳訛之詞昨已將六月十九日問答節略鈔咨　冰案竊思法外部欲使中國不助暹羅故其措詞頗尚馴順不謂李梅復以其餘緒到　衙門嘗試也李梅非必竟受外部之囑彼或素聞其國中陰謀而不知外部已自更改或知外部雖已更改欲姑試爲朦混自以爲功竊謂

衙門應付之詞口氣不可稍鬆恐彼乘間而入或異日執爲憑據也車里屬部貢暹一節細訪實無其事英外部於車里各部查攷甚詳亦證其說之誣至法人謂車里劃在中國界外係本英圖亦曾向英外部詰問外

部謂倫敦輿圖各店出圖甚多各式皆備原非國家所及過問轉瞬界約一定續出之圖必將車里劃在中國界內矣茲購得法印地圖四幅惟第一幅可查暹羅及車里各境特稍譯註地名幷標明原界及法所自擬之界附呈察閱應請回明　堂憲爲禱肅泐布達敬請

台安　七月十二日

英字第四十五號

九論滇緬界務書 癸巳

敬再啟者。外部前送印度所繪滇緬界圖。其鐵壁虎踞天馬三關。地位皆較舊圖稍移而東。似係有心朦混。稍不審愼。便恐蹙地。今已將鐵壁關理論明確。其虎踞天馬兩關。數日內必有確電。便可就範。界務卽稱全竣。滇緬三面接界。犬牙相錯。周圍四五千里。一處稍不認眞。卽開罅漏。而印度各官又狡黠異常。動思佔地。一切駁詰。音信往返。動輒稽延時月。故此次分界。實爲異常繁重異常喫力。今界務幸已蕆事。商務祇立簡明條約。自有大概規模。無甚爭論。現擬尅期於秋杪一概議結。先

以奉聞再頌　台安七月十二日

論英法兩國議將車里南界外甌脫之地讓歸中國書 癸巳

敬啟者·八月中旬·接奉　堂憲蘭字二十一號公函·以法暹有事·李梅送到洋圖一分·指所畫紅綫爲界·意欲舉車里土司·全爲法有·貪狡已極·俟據滇圖度數·再與辯論等·因查保護車里一事·已疊發咨函電報·縷陳梗概在案·外部覆文·亦經參贊慶藹堂往催·始據送到·前已鈔稟咨送備查·昨閱送圖·係李梅臆見·並非外部之意·所以接到　衙門照會·迄未轉達外部·恐爲外部所詰也·洋使在華·遇事輒思朦混·以自爲功·往往如此·李

梅在華日久。積習尤深。近將受代回國。大約新使明年可到。福成慮其別有覬覦情事。囑藹堂於晤談時詳曉之矣。至法割暹境直抵湄江。車里必先受逼。即彼允不損我權利。而車里原界。終難保不稍被侵占。且勘界必多轇轕。此鄙懷所竊用耿耿者也。嗣據法外部告藹堂云。英法現議於車里南界外設一甌脫之地。俟議妥後。可讓歸中國管轄。蓋在彼本無所費。不過藉此見好之意。福成知英廷必不肯讓法人獨自見好於我。因令馬格理赴外部。故露此說。既而外部開送節略。果亦有歸中國之言。且云現正與法爭論。欲使格外寬廣。查車里南界外之地譯音或作江墾或作整欠似卽孟艮土司舊壤乾隆以前本屬中國曩曾惠敏與外部原議亦有由中國收爲屬地之說旋因滇緬久不分界英乃割與暹羅今暹羅既不能有英法又不能管惟中國受之可息三國爭端且有利無弊西南兩面均以湄江爲界形勢既極穩固勘界時可省無窮周折祇有車里東面與越南毘連自不至大受損礙蓋得此甌脫之地而後車里可安車里安而滇省南境皆安此地東西約百五十里南北約三百里計其幅員與形勢似不遜於帕米爾而土脈膏腴則遠過之若不煩口舌不起風波坐得此

地，則中國威望愈隆，聲勢愈盛，屬我之後，不過用其土司，俾仍舊貫，薄其職貢，善爲羈縻，且有英法保護公約在，更可無虞外患，此等難得之機會，不可錯失，似無疑義，惟此時英法議其四至，尚未定局，姑靜待之，暫不露出收受之意，敝處告以報明

鈞署斟酌，便中令慶馬兩參贊示以我無所貪，必不得已而爲彼調停，亦自不妨收受，蓋所以杜彼市德責報，更防其限制我之權力，萬一屆時有不便收受之處，亦不妨拒而不納，我之進退，更自綽有餘裕矣，以上辦法，慶馬兩參贊皆諭此意，經理無不合宜，儻數月內未能就緒，新任到此，想意見

亦必相同也。伏乞回明
堂憲酌奪爲禱。茲附上英外部節略一件。車里節略二件。以備察閱。肅泐布達。敬請
台安。十月初二日

英字第四十八號

英國外部開送節略

近來法國待暹情形。

中朝諒必深知。今法國將向來屬暹地方大股奪去。勢甚岌岌。儻仍聽其侵削。恐卽吞併暹羅。未悉

中朝漠然置之否耶。刻下英與法商擬於英法兩國屬地中間。自江洪南邊界至湄江自東向西轉灣處。中間立一局外之地。各不占據。讓歸中國管轄。並欲

令該處地形寬大。法人則欲令其窄小。現正商議最要之時。儻中國欲爭聲勢。必速往開議矣。

車里屬部節略（從西人遊歷書內譯出）

車里一名江洪。分爲十二板納。土人呼十二爲細魄桵。是以名爲細魄桵板納。（板納又作猛）即十二部之意也。每部有一頭目。各頭目皆歸宣慰司管轄。宣慰司前居湄江西岸之九龍山。約距江五里。（中國里）近居湄江東岸之曉明陽。約距思茅六日程。

英人麥克牟曾於一千八百三十六年遊歷其地。又法人辣蕩里帶人一隊於一千八百六十七年亦曾往遊。其遊歷隊之第二頭目。名葛爾尼者。曾刊辣葛里遊歷之書。自西貢起程。至東川地方。辣葛里歿時。一千八百六十八年三月十二日也。葛爾尼繼辣葛里爲領隊頭目。遊歷之隊帶總理衙門護照。自江洪行至漢口。遂乘輪至滬。旋由水路回西貢。於是年六月間到西貢。距起程之日。約二年之久。葛爾尼云。江洪之國。分十二部。其名如下。

猛拉太緊接中國爲中國之門戶　猛紀爲緬甸之門戶　猛郎爲景東之門戶

猛丰爲暹羅之門戶

右四大部。皆係要地。

猛拉近猛丰　猛虎　猛洪　建東近猛拉太　猛興　猛邦　猛衣佛

右八小部。皆次要地。

葛爾尼又云名單有時不同。從前包括猛尤在內。如是則有十三部矣。

英國領事波恩曾於一千八百八十五年遊歷江洪。分十三部。但未詳其名。

英國駐紮曼谷暹羅京城領事阿爾哲曾於一千八百九十年年底遊歷江洪。據云今已無細魄松板納之名矣。現在各部之名如下。

孟分　猛拉　猛⿰犭瓦（此部又分爲⿰犭瓦紐⿰犭瓦太）　猛拉太　猛興

建東　右在湄江以東・

猛紀　猛崇　猛郎　猛海及猛星　王及分奧

及安　板及建陸

右在湄江以西・

辣葛里遊江洪時・宣慰司所住之江洪鎮・雖仍在湄江西岸・而其地位已與麥克牢遊歷時不同・蓋因國內有事・舊鎮燬爲平地・後於別處復建新鎮矣・

車里疆界節略

江洪卽車里別名・東北爲十二部之猛⿰犭瓦・佔括南⿰犭瓦

江上游全地・南狐江及南德江之水流分界處・即接連近布分之法國地・此地之下即南德江・又名黑江・此處已爲法國地矣・

猛狐之南・江洪邊界之地・至江鎮止・係在猛拉之地內・佔括南拉江上游全地・東邊南拉江及南狐江之水流分界處・可爲實在之邊界・界綫可以劃得極清・此嶺上一山口相近處大辣干地方・有柱數條・數百年前所建也・大辣干（譯言金柱嶺）今雖僅存其柱・而此處自古以來・兩邊之人・皆認爲江洪與隆勃剌邦（即南掌國）之界綫・我曾遊歷其地・覓得刻字石碑一小塊・今尚

存我處此處想卽是所說之老辣干又名阿倫辣吉但其上無旗亦不與安南相干涉自大辣干起猛拉之邊界轉而向西爲南狐江與南太江之水流分界處係天然之界綫但江洪之地展及於南太江低地處南太江及南拉江之水流分界頗低界限難分邊界綫過南太江之支江南德倫江之低地截大麥鹿高崗爲二由此登山脊此山脊卽在江鎭之後界綫不淸無處可爲好界限因南太江之低地及江洪內各小地皆山嶺崎嶇人民稀少俱係遊行無定之土番亦無貴重之樹本僅一二處有鹽井而南拉江低

地處鹽井較此更勝·至此處作邊界之故·須考其本地史乘方能詳悉·一千八百年間·猛南之土司進攻江鎮時·並入江洪之邊境·將該處居民移往南邊·餘逃往北邊·其地遂無居人·經至距今二十年之前·北邊羅人即老撾人始復來居南奧江之低地·想因此處有鹽井之故耳·由是逐漸開闢·至南太江之上游·此處之地係暹羅人所棄去者·數年之前·暹人欲越江洪界外數英里路爲邊界·審士得哥林及暹羅測繪之人屢次設法入江洪繪圖·俱被孟拉之官阻住·致未成功·

自猛猺東角至江鎭邊界全綫一帶地名今查得如

下

霍南羅即南羅江之根源南猺江之東支　班達　班顯南猺江岸旁一小廟　猛安

太南安江低地處　大庚南庚江及南倫江之水流分向處　大辣干南奧江及南法江之水流分向處

洽潑林　好南募　好南邁以上係南分江三支之源

葛倫德大石一塊約距南分江三英里　大登雲係一高山在南德倫江及邊界相近及與南掌及猛南相近

黃庚特在南德倫江上　南紐本前有花樹一株爲邊界之記號今已枯矣　漸倫門在大麥鹿　脫辣邦在南太江上

山布白克在猛星之南

老撾人皆謂往南邊之邊界係在南分江口及海松

納約距浙倫門之北七英里

十論滇緬界務書 癸巳

敬啟者滇緬界務商務約稾與英外部疊次商論大致已算合龍騰越八關其迤北四關尚在老界之內可無轇轕現既劃得野人山地一塊四關更有外障矣惟迤南四關除漢龍關自明季已淪於緬天馬關爲野人所占跨此二關英人已允勘明後歸還中國外尚有鐵壁虎踞二關中英均但知其名究未審其實址所在福成以爲必在滇界英人亦視爲中國所固有遂徑認爲我地並未深論近因與外部商劃界綫而不知該關坐址度數分杪則界綫不能劃定特詳查中外圖說並由倣

處徑電滇帥請其派員尋勘始知四關皆在滇之極邊漢龍天馬儼同異域固不待言即虎踞鐵壁亦早爲英人所占矣英兵越虎踞關而東者一二十里越鐵壁關而東者亦近十里皆已築兵房修道路幸彼早有成議似難狡賴現已由滇員馳抵新街會同英員履勘數關半月內可以竣事必有來電即可定約此又訂約稍遲之故也至通商各款外部必欲以天津所定越南條約爲藍本且謂如有異同則英不如法彼必爲議院所責備福成與之磋磨半年似尚稍有進步至八募設租界大金沙江行船彼雖不認曾惠敏前議已有八九分答

允之意。若訂約時不再翻悔。則我所獲利益較多矣。擬俟約章一定。由電寄呈。但電詞簡約。難以解釋原委。茲特將界務商務各條用意之處。略爲表明。冀電到時可互相參證。或此函到時。電音業已先到。亦未可定。

一分界各條。悉照三月間原議。惟所敘山水及地名。繁瑣纖悉。或係土音。圖記無從攷核。但期不致歧誤。若悉照原文電達　鈞署。則電費不貲。是以渾括其意。轉覺大勢瞭如。

一英人原讓之野人山地兩處。約三百七八十英方里。現因查出野人種類不一。分地而居。不能不查照原議。

兼依野人所居地勢酌量分劃中國所得約短數十英方里茲於分劃猛卯以東至潞江西岸之地照數補償中國

一英人所注意經營者欲由滇西野人山通入西藏惟自昔董以北猓夷怒夷之地英人亦未嘗深入其境外部初議約畧分至二十八九度之間但既為人迹所不至滇中亦無從查攷萬一受彼朦混分入藏地將來彼必執條約為證據關繫非輕現已再四與爭訂明自二十五度三十分以北暫不劃分

一八募設關及租界一節福成援曾惠敏原議與之辯

論彼族始終不肯承認據稱地球各國無此國設關於彼國地界之事福成答以香港澳門中國皆已設關卽其成例彼既恐中國留爲將來索地之據疑慮多端又謂華商之在八募者不甚肯遵英官約束若再設有華官必更多所倚恃福成告以兩國分界已定斷不再生枝節華商得華官照料勸諭漸守規矩必可相安無事彼終懷疑莫釋告以立約試辦數年如有流弊不妨停止現令馬格理先擬約稾俟定約時再行互商大致可以就緒茲洋藥稅釐併征章程其初亦訂明試辦至今收其利益毫無阻礙若八募設關及租界可免彼在滇

境開埠，利一。八募水陸輻湊，關稅必旺，利二。設關在縮轂要口，不必多設分卡稽查，利三。八募華商有官聯絡，可收無形之益，利四。有此四利，不能不儘力磋磨。儻將來能如九龍拱北兩關之徵收巨帑，不妨添設關道，更可收利柄而張國勢矣。

一大金沙江為滇邊外絕大尾閭，較之潞江瀾滄江尤為寬深，兵商各輪暢行無阻，西人皆視名山大川為國家之寶，苟有機會，必以全力爭之。雲南遠隔邊隅，宜有通海便捷之道，局勢方為靈活。即解運京銅，亦可減省鉅費。茲將行船一事力與磋磨，若作為公用之江，則形

勢與彼共之利益與彼均之彼始以慮他國援照爲辭業已層層辯駁定約時當可如志

一英人援照越南條約謂中國允法設領事者共有五處雖滇桂暫議緩設而法於蒙自龍州蠻耗等處已設領事三員未聞中國設一領事於越南外部初議在雲南省城設立領事繼又指定普洱順甯永昌三處領事均已與極力爭論設法翻騰現議定中英各設領事一處中國設領事在緬甸之仰光英國設領事在雲南之順甯福成初意本欲罷設領事乃彼執越南條約爲辭竟不能不允設一員且方與爭八募設關尤宜稍示牢

籠、而英人運貨入滇、亦不可竟無一員照料、致難鈐束、惟英人以限於一員、謂與法人相形見絀、意終未慊、定約時是否稍有爭論、亦尚未定、

以上數端、關繫較鉅、大致似可就範、其餘各條、或援照成案、無甚出入、或臨時商辦、容再續陳、所以豫爲申說者、因重洋遠隔、每達一函、輒逾數月、恐誤事機也、伏乞

回明

堂憲察核、爲禱、肅泐布達、敬請

台安、十月十六日英字第四十九號

呈送滇緬條約並論小帕米爾及車里甌脫之地書 甲午

敬啟者。滇緬商界條約。英廷疑慮多端。內外互相牽制。遲遲不決。直至歲杪。甫經定議。已於正月初七日電陳梗概在案。旋准 鈞署復電。奉
旨照辦。福成 於正月二十四日。率同參贊等赴外部會同該尚書勞偲伯里互簽草約。現乘各員銷差之便。擬派繙譯世增。隨員沈翊清。賫送條約。赴 鈞署呈交。以昭慎重。福成 遂於二月初四日馳抵巴黎。使署摒擋交代事宜。靜候龔仰使莅任。以便即日內渡。福成 創議經

營尚未遽了之事在英則小帕米爾之地可與商劃歸中國即瓦罕帕米爾英亦有願讓之意在法則車里以南湄江以東甌脫之地可與議明收爲中國藩籬俾滇南形勢屹然穩固惟此二事若索之過急就之過殷轉恐蹈躐等之弊或啟彼挾制之謀似宜靜以待之稍俟機緣湊拍則披郤導窾不難迎刃而解應由卬使到英法後督同馬慶二參贊相機因應不難循序以收厥效總之洋人辦事審慎遲迴頗有急脈緩受之意自不能不磨以歲月也應請回明 堂憲爲禱肅泐布達敬請

台安 二月十五日英字第五十號

論熱河法國教堂賠款書 甲午

再福成於抵巴黎之後往晤外部尙書白立業面遞說帖尙以熱河教堂賠款爲言福成嚴折而詳曉之辯論數四白立業無可置辭但請代爲電致鈞署察核此事自法使李梅發其端彼自謂熟諳中國情形輒恣肆其恫喝故習觀其迭次照會辭意倨傲直以從前積習待我中國英德等國已稍不如是矣迨李梅辦理不能如志轉爲外部所尤是以有撤換之舉新遣熱使素有能名諒尙必再三曉瀆以相嘗試然彼實違背公法不妨以不願商量四字拒之彼其奈我何哉茲將外部說

帖譯漢附上並乞回明　堂憲爲荷再頌　台安二月

十五日

出使公牘卷之六終

出使公牘卷之七

無錫薛福成叔耘

照會　劄文　批咨

照會江南製造局總辦彙送譯刻西學書籍

爲照會事照得本大臣奉命出使亟應督率隨帶各員研求西學貴局於天算輿地製造格致各書譯刻不少均屬有裨實用今擬將局中譯刻各書每種攜帶一部以資印證相應照會貴總辦請將局中譯刻各書一分前來以便本大臣攜帶出洋爲此照會貴總辦請煩查照施行須至照會

者

光緒十五年十一月二十五日

札繙譯學生寫呈日記

札學生王豐鎬胡惟德郭家驥知悉照得該學生等隨本大臣出使泰西以策勵精神增長學問爲先務惟不宣之筆墨本大臣無由考其底蘊課其淺深今自登公司輪船之日始該學生應各置日記一本每日隨所見聞自一行以至數十行各聽其便凡緯度道里山川形勢風土物產礮臺苟閱歷有得皆可登記該生等每於次日將前日所記呈本大臣親閱一則藉覘該學生能否用心可以隨時討論一則備本大臣擇要選記免得再費一番查訪實屬兩有裨益合行札飭札到該學生卽便遵照勿稍違

誤切切特札

光緒十五年十一月二十五日

札駐法參贊官陳季同合算中西權度表

爲札飭事照得光緒十六年四月十四日承准　北洋大臣李　咨開據北洋沿海云云相應咨會請煩查照會同核明見復以憑轉咨等因到本大臣承准此前經接到　總理衙門來咨正在核辦間查法義比三國均用法文該參贊久居法國精熟法文應飭該參贊查詢明白彙編成表先以中國之整數計外國之散數如中國一寸當英因制一四一之類再以外國之整數計中國之散數如英國一幅地當中國八寸五一零六三八之類彼此互相對勘由分至丈由分至斤編列成表彙

同稟覆以憑核辦。再查外國尺寸斤兩名目繁多。有量體積量面積量流質量乾物之法。有權寶物權藥料權雜物之名。又有至微極細。慮有其名而實無其物者。該參贊若能分別臚舉固善。如或一時未能。查海軍原咨。係專爲購買船礮軍械等項起見。卽先將尋常用物之尺寸觔重及銀兩數目。詳細聲明。分別比校可也。合行札飭。札到該參贊卽便遵照辦理。毋違。此札。

光緒十六年五月二十二日

札新嘉坡領事官左秉隆籌設義塾章程

爲札飭事。照得本大臣案查前卷。有光緒八年十月該領事稟復在新嘉坡擬設義塾章程。甚爲詳備。前經前出使大臣曾　咨呈　總理衙門核復。旋准復稱。以經費支絀。礙難撥款興辦。或能就地勸捐試行。自無不可。應仍由出使大臣酌量地方情形辦理等因。查該領事原擬章程。以初設經費。如房屋書籍等項。約需五六萬金。日後經費。如束修獎賞等項。亦須另籌五六萬金。以備生息。經　前大臣曾批示。將創設局面收縮。量入爲出。徐圖增廣。後來畢竟如何辦理之處。查前卷未據詳報是否因集費不易以致中輟現本大臣擬酌採該領事前議小試其端如原擬章程購地造房一節似可改爲租屋暫住原擬挑選生徒二百四十人延訂總教習一人教習八人現擬先挑選生徒二十四人或三十二人至多以四十人爲則延訂教習二人分爲兩班原擬董事四人僕役七名現改爲董事一人僕役二名所支束修薪水工銀即照該領事前定之數給發合之獎賞等項一切雜款及租屋之費約計每歲共需二千餘員查該領事原稟稱該埠商董於創興此事尙能就地籌款如示以鼓勵捐資更當踴躍若照現擬之數歲需

二千餘員，則捐集二萬金，當年生息，選定紳士數人管理此項經費，仍由領事督察，查覆已可源源接濟，縱有不敷，爲數亦屬無多，可由本大臣酌量籌貼，自應察度情形，及時舉辦，合行札飭，札到該領事，即便遵照，妥籌詳細稟復，及時興辦，切切，特札。

光緒十六年八月初五日

札直隸候補知府姚文棟順道查訪滇邊及緬境情形

爲密札事照得現據該員面稱前以在洋期滿稟請銷差回華擬於光緒十七年正月由巴黎起程順道遊歷印度緬甸等處當經出使德國大臣洪　批准在案各等情本大臣查接管卷內光緒十一年英國印度派兵進據緬甸時　前大臣曾　所與互商緬甸各事除業經改議各節無庸申述外英文參贊官馬格理與外部侍郎克蕾迭次商論據克蕾稱英廷願將潞江以東之地自雲南邊界之外起南抵暹羅北界西濱潞江卽薩

爾温江東抵湄江左右其中北有南掌國南有撣人各種咸歸中國或留爲屬國或改爲屬地悉聽中國之便

曾侯咨　總理衙門又云現所爭論者係索八募之地八募似卽新街在雲南邊界之西厄勒瓦諦江上遊之東龍川江下遊之北大盈江卽檳榔江下遊之南中國若得之爲通商之埠則邊防較爲鞏固收稅亦扼要隘等語復查光緒十二年六月中英所訂緬甸條約內第三款稱中緬邊界應由中英兩國派員會同勘定其邊界通商事宜應另立專章等語目下中緬界務雖尚未議定聞英廷已迭次派員或議築鐵路或察看形勢

或探詢礦產現又議辦暹羅界務彼俟布置妥協再與中國會議則彼考校已精而我諸事茫然斷無不受虧損之理本大臣前已咨呈　總理衙門並照會英國外部申明舊議一俟暹緬界務事畢即當開議辦理等因查得該員精勤穩練留心時務研究輿地之學茲既身歷緬境便可順路諮訪儻有切要情形不妨隨時稟報本大臣暨　雲貴督部堂王　以備他日派員勘界之用但此係乘便密查尚非定期專勘切勿顯露端倪俾外人知我有查探之意或致轉生窒礙再緬甸之仰江亦名漾貢聞有華民三四萬人亦係扼要之地本大臣

尚擬商設領事・該員如經此地・亦卽留心查訪・據實稟復・茲特酌給路費銀三百兩・稍資津貼・合行札飭・札到該員卽便密速遵照・此札・

光緒十七年正月初五日

札仰光紳董林作秉襄辦就地義舉公會並文報爲札行事本大臣現據臨蓮使銜直隸候補知府姚委員文棟稟稱行抵仰光督看商情該處當英緬交兵之際賴各紳董維持調護華民得以安堵且義舉善會次第舉行設立公會宣講
聖諭俾童蒙得讀華書遠方咸被
帝澤於化民成俗之中寓忠
君愛國之意實爲他埠之所未有等情據此本大臣查華民流寓各國不下數百萬人國家一時未能徧設領事全賴各紳董等苦心保護和衷辦事全國體卽所以

禦外侮・今仰光紳商能體此意・本大臣披閱之餘・曷勝忻慰・本大臣擬於仰光增設領事・雖未與英國商定・將來諒可照行・俟領事到任之後・該紳等務須竭力襄辦・佐理一切・本大臣當援案擇尤保奬・以酬勞績・爲此札行該紳董等・札到仰卽遵照・切切・此札・

光緒十七年四月十三日

札新嘉坡總領事官黃遵憲給發英君主準勅

爲札發事照得本年九月二十一日承准　總理衙門文開發給駐札英國新嘉坡兼轄海門等處總領事黃遵憲文憑一分遞咨本大臣查照辦理等因當經照會英國外部并將總領事文憑送驗請給英君主準勅去後兹據外部聲稱將總領官之憑照一紙附遞並將君主文憑給與黃遵憲領事官之權一併寄上各等因合行札發札到該員祇領仍將收到日期申復以便查核存案可也務希該總領事於任内應辦事宜悉心經理以副厚望切切此札

計發準勅一件

附憑照一件

光緒十七年十一月初三日

札新嘉坡總領事官黃遵憲繙譯官那三代理領事酌給俸薪

爲札飭事照得該黃總領事現丁父憂援案照舊留差仍給假百日回籍治喪該那繙譯官代理總領事事務查出使章程惟出洋期滿三年請假六箇月回華者仍准坐支薪俸其奔喪給假人員無坐支薪俸明文該黃總領事雖經本大臣咨請 總理衙門准其接算舊金山前資照章請奬若兢到倫敦之日起算僅滿兩年且領事非隨員可比既有應辦之事則必須有代理之人以一缺而支銷兩分薪俸章程既無明文勢必難於開報惟該黃總領事回籍治喪費用既繁且坡署要務亦須照料籌

商、本大臣現擬體卹變通辦法、所有該黄總領事及該那繙譯官薪俸、均照舊支領、該那繙譯既代理總領事、酬應較煩、應由該黄總領事每月津貼庫平銀一百二十兩、以濟辦公而免偏枯、則本大臣開報既可仍舊貫、毫無出入、而該黄總領事與該那繙譯通融酌劑、以全寅誼、庶公義私情兩得其平、萬一該黄總領事到期滿之時、未能剋期回任、則既出百日之外、所有總領事薪俸、應暫歸該那繙譯支領、俾昭公允、除檄行該那繙譯官外、合行札飭、札到該道員即行遵照、切切、特札、

光緒十八年三月十八日

札新嘉坡總領事官黃遵憲設法嚴查華商船隻

販私結會

爲札飭事。照得本年五月初六日承准　總理衙門咨復。內開准咨稱據新嘉坡總領事黃遵憲稟稱。新嘉坡等處流寓華人日增。繁盛。其往來貿易與內地互相關涉者。有船舶財產逃亡拐誘誣告數端。自應設法革除。擬請此後遇有事端較大者。由總領事稟請出使大臣轉咨　閩粵督撫核辦。其小事由總領事逕咨各地方道府州縣辦理。以期中外官商息息相通。互相關照保護。除批准分咨　閩粵督粵撫外。呈請查核等因。查該總領事所擬各條為保護華民起見自應飭令照辦至該處緊要事件若必稟由使署轉咨閩粵督撫輾轉稽延動須逾月設有要事恐誤機宜自應一面稟明使署一面徑稟閩粵督撫消息更覺靈通辦理可無隔閡再文內所稱華商自造之船甚多其中輪船帆船及有無西人股分該總領事均應詳查具報此項船隻冒險販私及水陸平安會飛龍角等名目切須預籌弭患大約船上買辦若不串通斷難作祟坡港安分商民舉能言之曾於上年正月吉字四號函內詳指流弊請飭查禁在案現在既設立總領事官事權較重應再由貴大臣轉飭

該總領事官隨時密查各船買辦，如有前項情弊，即將姓名知照閩粵地方官，設法嚴禁，以遏亂萌而安商旅，並將辦理情形聲復本衙門等因。本大臣查該總領事於華商船隻，如有冒險販私及水陸平安會飛龍頭等名目，亟須嚴禁，尤宜密查各船買辦，務期隨時輯頓，以安商民而杜奸宄。遇有緊要事件，一面稟明本大臣，一面徑稟 閩粵督撫，免誤機宜。爲要合行札飭。札到該總領事即行遵照。此札。

光緒十八年五月十四日

札委檳榔嶼紳商候選知府張振勳充當副領事

官

爲札委事・照得英屬新嘉坡改設領事官兼轄海門等處・其附近要埠酌設副領事官・前經

奏明在案・本大臣屢飭黃總領事留心訪察・總期人地相宜・前據黃總領事稟稱選得紳士候選知府張振勳・在海門等處經商三十年・聲望素著・若爲檳榔嶼及其屬地威利司雷省並丹定斯等處之副領事官・堪以勝任等情・當經本大臣照會外部・請英廷允准・並發諭照辦在案・茲接英外部大臣函稱接到新嘉坡及海門等

處總督來函稱已認張振勳爲中國副領事官等語合行札委札到該副領事遵照仰卽盡心職守保護中國民商遇事隨時稟商總領事官並稟報本大臣查核務於任內應辦一切事宜妥爲經理以副厚望切切此札

光緒十九年正月二十日

批新嘉坡領事官左秉隆稟查各島華民情形由

據稟各島華民數目及辦法次第均係實在情形惟本大臣查香港一島爲中外咽喉且逼近粤省交涉事務極爲衝煩亟應選派賢員咨商外部核給准照前往開辦至新嘉坡等處或改爲兼充檳榔嶼麻六甲領事或改爲總領事兼轄新嘉坡附近之英屬各地及歸英保護各國之華民仍須覓有妥員再行籌辦其就地擇派殷商酌充副領事等官相助爲理事屬可行但宜隨時隨地察看情形存甯闕毋濫之意總期於保護華民有益而經費略有加增不致過鉅乃爲切要仰候妥商英

國外部並咨呈 總理衙門酌度辦理此繳

光緒十六年十月十六日

批直隸候補知府姚文棟呈報設立仰光文報由

據稟已悉緬甸既歸英轄中英界務交涉益繁暫於仰光設立文報易於通中外之信似於滇南邊務有裨所需信資應准其開報由英館撥給該經理委員既不支領薪水或可援照出使文報之例辦理三年之後咨請

雲貴總督部堂酌保一二人仰候咨商　雲貴總督部堂察核辦理除札委仰光紳董林作秉并咨明　雲貴總督部堂外此繳

光緒十七年四月十三日

批姚文棟稟請仰光商董著有勞績援案請獎由

據稟已悉。仰光商董歷年調護華民，得以安堵。且義舉善會次第舉行，設立公塾，宣講
聖諭，具徵拳拳故國之心。披閱之餘，實深忻慰。至請將紳董援案保獎一層，查近年吏部有嚴核保舉之章，極爲認眞。前　出使美日秘國大臣陳　擇保金山古巴紳董數名，　出使日本國大臣徐　亦援案擇保橫濱紳董數名，均在開辦領事數年之後，摺中即以襄助領事辦理一切爲詞。本大臣現擬於仰光設立領事，應俟領事到任以後，再行擇尤保獎，以勸勞勩。稟存。繳。

光緒十七年四月十三日

批姚文棟稟寓居印度華商擬請　奏頒廟額由

據稟已悉　關帝天后均列祀典朝野上下莫不崇敬惟中
國內地廟宇莊嚴馨香崇奉隨處而有其得邀
御書匾額者不過數處近年日本橫濱華商捐助山西
賑款一萬二千餘員美國舊金山華商捐助順直賑款
三萬零六七千員該商民等不請獎敘籲
頒匾額經直隸總督順天府尹先後奏頒該處　關帝
廟
御書匾額蓋因該商民等急公好義勇於爲善故有此
特舉以答神庥即以勸民義也此係破格創辦之事礙

難援以爲例且該處廟宇駐藏大臣有堂基狹小門戶壅塞之語本大臣尤不便遽行瀆請想該商民等素知
大體必能諒悉也此繳
光緒十七年四月十三日

批印度華商黃琨熊昭盛等稟請設立加里吉打領事由

據稟已悉查萬國公例無論何國商民寓居此國地方即應遵守其政令受治於法律即如加里吉打俄法德美各國雖設有領事而地爲英屬必應遵照英例不得以本國之風俗有異政教不同自滋疑惑也該商民等遠出貿易務宜勉爲良善恪守章程保全中國聲名毋貽外人恥笑是爲至要至請設領事一節我華人流寓海外者不下數百萬人而刻下止設七八處該處不過二三千人設立領事經費浩繁一時尚難照辦也此繳

光緒十七年四月十三日

批越南華商林蕙軒等稟控梁雲峰盜賣農山煤礦由

據稟及鈔件均悉。梁雲峰承辦農山煤礦。以辦理不善。經眾商議令退職。經將所領越南戶部執照廣南巡撫部照。當眾交出香港總理人收存。並繕立退權字據。事屬可信。其退權字據中。既聲明以後不能干涉盤據該公司事務。而梁雲峰仍擅將該礦賣與華人江亞木等。其爲盜賣。亦毫無疑義。惟該商等於梁雲峰退職之後。竟不稟告越南戶部。及廣南巡撫。更換名字。繕立新憑。迨至數年之後。查悉梁雲峰盜賣。始行稟控。而梁雲峰等先既稟法國全權公使由越南機密院準令法商姑尊等買受新商有辭可執舊商無憑爲據此實該商等自誤之由亦即今日爭訟不勝之故也該商等以鉅萬之資歸諸烏有不平則鳴情殊可憫本大臣接稟之後登即函告駐法慶參贊囑令訪問律師梳威利原冀設法申理昨據慶參贊函稟接律師覆函此案經代控都察院詎於上月初九日批駁未准無可挽回等語查法國體制上控之案如批駁不准案即不能再翻本大臣亦頗爲悵惜惟據稟稱此礦現因失火延燒數月火尚未熄即使爭回讞亦不能收拾餘燼再圖利益且尚須

納稅仍有餘累該商等遭此不幸祇可諉之氣數所望
改圖他業冀獲大利庶慰該商等積年辛苦之心本大
臣亦有厚望焉此繳
光緒十七年六月二十二日

批廣東惠潮嘉道曾紀渠稟陳辦理南洋各島情形由

來牘閱悉廣東惠潮嘉三屬民人在南洋各島謀生者日衆外國屬地政令寬苛不一中國已設領事之處尚可隨時妥籌保護其未經設員地方誠苦呼籲難通貴道所陳應行事宜三端條理精詳規畫久遠具見良吏苦心深堪企佩查英屬地在南洋者現新嘉坡已改爲總領事其附近屬地亦奏准添設副領事布置漸密於粵省內地呼應較靈所有事宜三端係該總領事等分內應辦之件自應責成悉心經理毋庸再行派員此

外如緬甸之仰光東印度之甲谷他近雖議設領事而尚未就緒新金山一埠前經英外部聲明有礙難設官之處似須通融酌量辦理凡此皆英屬地也小呂宋係日國屬地加拉巴係和蘭國屬地其餘各國屬島在南洋者尚多非本大臣奉使之國勢難越俎過問又查前廣東督部堂張派員出洋查探係以遊歷爲名並非久駐其地與來牘現擬辦法情形不同即如其中緝拏逃犯一端萬不能不照會本地洋員商同辦理若各國未允設官之先遽擬辦此必生枝節且亦萬辦不到此層在三端之中最有關係似應由　貴道稟請　廣東

督部堂撫部院咨商 總理衙門可否變通酌辦之處必有確實把柄方可派員前往又出使大臣於外國屬地除札委領事官及領事署中人員係照章辦理向無於例外札委人員駐洋辦事成案所請派員商辦援案咨行各節於事例均有未協礙難照辦本大臣極欽 貴道盡心民瘼不遺在遠但謀事經始不厭反覆求詳率抒所見以副商搉之雅此復

光緒十八年正月二十八日

批新嘉坡總領事官黃遵憲稟稱出巡各島由

據稟出巡南洋各島情形極爲詳晰足見實事求是之意至爲欣慰檳榔嶼設副領事既據稱查有候選知府張振勳智計過人羣相推重足膺斯任應俟與英外部商定後即行札派以專責成大小白蠟等地各國既未設領事則中國獨設副領事有無窒礙亦俟與外部詳細妥商再行知照可也此繳

光緒十八年五月二十八日

出使公牘卷之七終

出使公牘卷之八

無錫薛福成叔耘

洋文照會

與英外部商設英屬各埠領事

爲照會事照得華民寓居英屬各地者極多中英往來交情日加友睦日增緊要而中國領事官仍僅新嘉坡一處本大臣擬請　貴爵部堂漸除此等立異之見稍合兩國親睦之道及

中朝惠顧出洋華民之意本大臣奉　總理衙門來文囑與　貴爵部堂相商中國設領事官於英地之事從

前議設中國領事官於新嘉坡時・一千八百七十八年四月十六日・　貴爵部堂致　郭大臣照會內曾云・中國與各國往來・係照特定和約之章・非遵各國通好之道・況中國尚未盡准洋人入內地・洋人商務・亦未各處開辦・故不能援引各國之式・准派領事官分駐英地等因・此事於一千八百七十八年中國與別國往來・或有此等情形・但於近日觀之・實無此等情形・中國並未不遵萬國公法・而近來十五年之內・更覺按照萬國公法辦事・雖尚未將內地各處・盡准西人通商・然即中國所辦之事論之・亦足有准設領事官駐紮英地之理・各友

邦均許派領事官分駐英地中國深望英廷照此例一律辦理中國有二十餘處地方准令外國人民居住經商其收稅之輕與有約各國比之中國實可稱無稅之地耳許有二十二處英國曾派領事官駐紮其地本大臣請　貴爵部堂詳察之蓋非恐英廷有不允之意不過於　貴爵部堂前一爲講解而已一千八百七十八年四月十六日　貴爵部堂繕寫照會時煙台條約尚未核准此條約內已言中國有派領事官至英地之權又一千八百六十九年十月二十四日條約中曾明言英國願認中國有派領事官至英國各處之權此約雖

未曾照行・本大臣必提及此者・因欲聲明英廷巳早有允中國派領事官之意・而其約之未經批准者・係由別事之故耳・今本大臣又向　貴爵部堂言明・如此事商妥・中國並非欲一時徧派領事官分駐英國各處地方・因有酌量添設之處・並爲以後陸續派領事官時請給文憑之事而已・相應照會　貴爵部堂請煩查照・須至照會者・

光緒十六年八月十五日

與英法外部請給姚文棟遊歷印度緬甸越南等處護照

爲照會事。照得本大臣接准　出使俄德奧和國大臣洪　咨稱：據駐德隨員候補道姚文棟期滿稟請銷差，擬順便遊歷印度緬甸暹羅越南等處，舍海登陸，繞出滇黔。查該員所擬遊歷之印度緬甸越南等處，非有洋文護照，深恐艱阻難行，各等因。爲此特請　貴爵部堂　部堂給發護照一張，轉交該員領收，以利遊行可也。須至照會者。

光緒十七年正月初八日

與英外部阻止駐緬英員率兵私越滇邊土司

爲照會事照得本大臣奉　總理衙門來函之意照會貴爵部堂中緬交界地方近來英兵遊歷其地有未合常規之舉　總理衙門接得雲貴總督及雲南巡撫會銜西歷五月初一日公文一角内開騰越普洱文武官員稟稱英員帶兵多名至麻湯壘弄猛海等處中國所屬土司地方在猛海地方又與土官宣慰司會晤麻湯壘弄係騰越廳所轄土司地界來此英兵約有百名馬二十匹大衆約有三百人又在普洱鎮地界之洋兵約有六十名帶領官二員其一員似卽監督北撣人各

地把總德理友也中國委員刀丕文遇見洋兵之地係猛海其日期係西歷三月初六日當經刀丕文勸令折回並探問其來此情由據稱係奉鎮守緬甸大臣飭令踏勘邊界到猛海來見宣慰司查外國官員與中國屬下之土司徑相往來似不合於公法邊界上突見兵丁即使不越邊界亦恐驚擾人民滋生事端

中朝欲令中英兩國邊界人民往來和睦是以囑本大臣請英廷諭知鎮守緬甸大員謹慎辦事如有遊歷人員欲往中國地界必須先行知會給發護照以便保護黨兵丁欲遊歷中國邊界不得准其越界並不得准與

中國所屬土司交往爲望此種要事若行文告知鎮守緬甸大臣必多日方到儻能將以上之意電達駐緬大臣深爲欣感相應照會　貴爵部堂請煩查照須至照會者

光緒十七年六月初五日

與義外部請交還中華書院產業

爲照會事本大臣前據　貴國納玻里城中華書院學長等九八呈稱納玻里府向有中華書院一百七十年前義教士馬國賢所建馬國賢曾在中國效力有年蒙
聖祖仁皇帝恩賚優加回國後自出資財創立書院俾中國子弟學習文字語言格致諸術按照學規共計學生三十四名內設中國學生二十二名作爲常額乃近年以來　貴國學部侵挪學產以致興訟經　貴國刑司斷明中華書院產業乃民家私產不得侵挪等語而學部創定新例擬將中華書院裁撤以其產業改設東

文學堂致華生二百年來所享利益一旦剗削無遺此諸生呈訴之原委也以上各情本大臣前駐羅馬時曾於二月二十三日向貴大臣面陳梗概茲將原呈譯送查閱本大臣查中華書院設立已久爲中義兩國交誼綿遠之據況諸生所習語言文字格致諸學使兩國往來貿易通達情意聯絡邦交彼此有益之事想貴大臣居心公正辦事和平必能悉心查核持平辦理以仰副

中朝柔遠睦鄰之意本大臣有厚望焉須至照會者

光緒十七年二月初七日

與英外部駁除新金山加那大限制華民新例

爲照會事照得自光緒二年在倫敦設立中國使館以來本大臣之前任各大臣曾辯駁英國屬地數處看待寓居華民及往來該處華民之無理除前任劉大臣辦理葛龍巴一案得以辦妥廢其舊例其餘各大臣之竭力辦理者皆不獲成效因澳大利亞仍設分別之例以禁華人入境加那大總政府之議院復設前葛龍巴議院所定違法之例不過稍改式樣而已加那大新設之例名爲一千八百八十六年禁止華人入境之例其首段云係英君主所定加那大上下議院所允備載所有

中國屢次駁詰之條如英屬地澳大利亞所立禁止華人入境之例一式中國

國家所不悅於此例者非在限制之嚴丁稅之重而在專爲禁止華人入境之例且明言非禁止他國人入境乃專爲禁止華人而設未免輕視

中朝不以友邦相待本年二月二十四日及二十五日葛龍巴議院擬設加嚴之例禁止華民赴加那大辯論之際擬將此例用以禁止日本人入境與華民同後仍將原議擱起不言日本此舉非由議院之喜日人實恐觸日人於例內致犯日本國家之怒耳本大臣實不解

此理議院計及日本國家何以與中國
國家不同看待各屬地華民何以與待各屬地別國之民不同各屬地與中國均有極大商務英屬地所索利益自昔至今皆如願以償載入條約今苛待華民如此則以後英國屬地之民亦不能得此利益祇能照萬國公法而行總之無論如何概不得以相待如仇之例施於友邦之民而此苛待華民惡例爲澳大利亞及加那大所立中國
國家聞之深滋不悅屢由前任各大臣照會 貴爵部堂按照萬國公法與兩國條約細心合議本大臣茲亦

不必贅說。是以僅將以上數事。爲　貴爵部堂言之。並達　總理衙門之意。望英廷速將此事革除。中朝以此事非僅輕視中國。實是阻止兩國人民日漸親睦之情。此等用意。斷不可施。應由兩國設法更改也。相應照會　貴爵部堂。請煩查照。須至照會者。

光緒十七年六月二十五日

與英外部請保護智利厄瓜多流寓華民

爲照會事照得寓居智利及厄瓜多之華民前承 貴國盛情經 貴國駐紮各該國等處公使暨領事保護等因今本大臣接准 總理衙門來文囑本大臣照會

貴爵部堂

中朝欲請英國國家仍隨時保護寓居該國各處華民至將來中國能有別種料理而止如蒙照准

中朝深爲欣感本大臣是以請 貴爵部堂垂察望英廷准如所請爲此照會 貴爵部堂請煩查照須至照會者

光緒十七年七月二十三日

與英外部請重定英犯梅生罪名

爲照會事照得去年九月間本大臣照會 貴爵部堂
總理衙門來電稱有英民梅生一名在鎮江海關當差因代會匪販運洋鎗已被拿獲又於其衣箱內搜出炸藥禁物後經審問僅審其炸藥一項之罪上海按察使判斷定罪監禁九箇月結案今本大臣奉 總理衙門來信告知 貴爵部堂
中朝初聞此重大案件斷得如是輕罪極爲失望疑其判斷之不公及細閱此宗案卷與按察使判斷之詞而失望之心更有甚焉蓋以爲按察使未知此案之緊要

亦不知其分內責任之鄭重查條約言英民在中國歸英員懲辦英員宜如何令寓華英民各守規矩自不待言迨閱梅生口供證據明爲哥老會中會友與中國爲難而身任鎭江關要職隱與不知姓名數人結成私黨並力勸關上同事及委員俱入其黨又赴英屬香港雇募歐人十九名並裝各種洋鎗三十五箱包紮極好假寫別物以便到滬欺騙關官自帶炸藥先赴上海一面囑所雇之人附搭別船隨後來滬籌畫可稱精詳僅鎭江一處查出之貨已裝有洋鎗三十五箱之多梅生犯此重罪且有多條一查此案卽應照例懲辦何以僅判

梅生炸藥一項之罪卽炸藥一項例內又何以僅定第四條之輕罪而不定第五條之重罪梅生又犯一千八百六十五年英國所定管理在中國日本英民之例第八十一條幫助亂黨抗拒

中朝之罪又犯在外國雇人之罪以上所犯指不勝屈僅定炸藥一款最輕之罪此何以故按察使云帶炸藥一罪有極輕有極重此案宜斟酌於輕重之間監禁之期故減輕爲九箇月此實非秉公辦理之道因察該犯行爲絕無可以從輕之理也況此時適値民教不和無論何國人民查有幫助亂黨騷擾中外之罪狀必須格

外重辦方足以警效尤而梅生行爲更覺怨無可恕中朝欲梅生供出同謀之人可以略從寬恕而梅生既不肯供黨羽姓名亦不肯供買鎗雇人之銀由何而來若謂梅生不肯供出之故因恐洩漏之後陷人於罪則渠在公堂上已自供明初入會之意係欲查探哥老會之細底然後將其機密實情告知中國官員今前後口供不符明係叛黨始終通同一氣巧爲遁飾之語判斷此案既不得其平然補懲猶爲未晚是以欲望英廷俟梅生監禁期滿之時解至香港再審判其所犯別項之罪較爲妥當亦合一千八百六十五年英廷所定第六

十七條之例。

中朝極懇英廷切不可令梅生於未辦之前。先行逃脫。是爲至要。因各海關上雇用之人。及各處通商口岸。外國領事衙門。各洋行中細崽人役。多有會黨託迹其中。本大臣現欲嚴辦梅生之理。不必詳說。但請 貴爵部堂一爲斟情酌理。即可知

中朝於此事。必大爲失望。 貴國之人要中國保護。而洋人敢私入哥老會。以與中國相抗。

中朝安能不慮及將來之禍。且與各國睦誼有傷乎。相應照會 貴爵部堂。請煩查照施行。須至照會者。

大清光緒十八年正月十三日

炸藥例第三條懲辦欲做轟發之事或製造炸藥或藏備炸藥有欲害人命或毀物產之意

英民無論何人在英地內或在英地外違例舉動

一蓄意用炸藥或幫人用炸藥以做轟發之事欲害人命或毀壞物產

二製造炸藥或備帶炸藥或管理炸藥有欲害人命欲毀壞物產之意或嗾令別人用炸藥以傷人命或毀壞物產無論炸藥會否轟發此人即已犯罪俟審實後即嘗辦其充軍不出二十年或監禁或連作苦工或不作苦工均不出二十年其炸藥隨即充公

一千八百六十五年三月初九日英國軍機處所定管理在中國日本英民之例第八十一條懲辦雇人打仗及謀叛之罪

一在中國當　英君主與中國　皇上友好之時有英民欲開戰或同做戰事以抗　中朝又或幫助或鼓勵欲戰之人又或幫助或鼓勵謀叛之人以抗　中朝

二在日本國當　英君主與日本王友好之時有英民欲開戰或同做戰事亡抗日朝又或幫助或鼓勵欲戰之人又或幫助或鼓勵謀叛之人以抗日朝

犯以上之罪、俟審實後、卽當懲辦監禁、其期不出二年、連做苦工、或不做苦工、連罰銀五千員、或不連罰款、或罰銀五千員、卽不監禁、聽憑當時公堂定奪、以上辦法、懲辦之後、又有加辦之法、可將此犯驅逐出境、不必再審、公堂可以發諭、逐出中國或日本至於逐出往何處、聽憑公堂審定、

第六十七條　提解犯人至香港審辦

無論有何英民犯罪、凡在中國日本之地、已設有英公堂者、如審判各案、應移至公堂審判較妥、卽可改至英地訊斷定罪、如是則犯人可解至香港審辦、

如提解犯人至香港可將原審公堂所有一切此案卷宗俱送香港並可令所有在事時英民到香港公堂作為見證

與英外部轉飭駐緬英員撤兵退出漢董地方

爲照會事照得近年以來本大臣迭奉

上諭向　貴衙門或面談或行文告知　貴爵部堂緬督擅自派兵多股越中緬邊界野人之地查察地理以致人心恟懼大有不便本大臣去年十月二十八日照會內所開之事及此次照會所說情形知英兵所到之處不特已入一千八百八十六年七月二十四日北京所定條約俟兩國派員查探之公共地方且已至絕無緬甸管理證據之地非惟緬甸無管理之證據實爲中國向來管轄之地有真實憑據可證英兵雖在邊界各

地去留無定然此時派往殊不合理且恐與邊界土人滋事

中朝不欲別有舉動惟有急催英廷早日派員以辦理兩國界事為要況

中朝於此事等候已久從前英兵所到之處云僅查察地理赳見刻下英兵竟已佔踞一地故派員定界之事不宜再緩查雲貴總督及各員文函去年五月十四日有英兵四百名由八募起程十九日到漢董該地向屬隴川土司被英兵焚燬房屋佔踞其地其地在山上可下望隴川猛卯兩土司之城兩土司俱歸中國管轄

總理衙門以爲此舉深不合理致緬甸本地之官似欲趁劃界未定之前擅據地方各節是以望英廷立即發諭囑其退出漢董　貴爵部堂或未知漢董在於何處查漢董係在隴川猛卯中間距兩處各遠九英里閱飛智所繪地圖猛卯正在中國邊界之內又查加爾各搭印度政府輿圖局一千八百七十一年所印之圖講解安得生遊歷滇省西境報單隴川在中國地界一邊距華界有數英里云相應照會　貴爵部堂請煩查照須至照會者

光緒十八年正月二十八日

附錄英外部尚書侯爵沙復文

為照會事照得本爵部堂接准　貴大臣前月二十五日來文內開　貴國國家欲兩國趕緊派員以定中緬疆界又告知八募英兵佔踞隴川土司所屬漢董地方等因均經領悉今本爵部堂欲告知　貴大臣英廷自當審量此事為此照會　貴大臣請煩查照須至照會者

西歷一千八百九十二年三月初一日

與英外部請禁香港軍火出口展期

爲照會事照得前承香港政府於十月初一日發諭禁止軍火出香港口以六箇月爲期至四月初一日止令聞兩江總督劉報知中朝揚子江一帶各省經其竭力整頓之後雖地方安靜大有起色惟私會尚未全行斂跡前因私會之故致請禁止軍火令此事仍須嚴禁本大臣奉　總理衙門來電請英廷諭囑香港政府俟禁期滿日仍行發諭展期再禁本大臣望　貴爵部堂詳察准如所請爲感相應照會　貴爵部堂請煩查照須至照會者

光緒十八年二月十二日

與英外部請阻止英兵過野人山境

爲照會事照得西正月十四日本大臣告知　貴衙門以　總理衙門來電據滇督稱土司呈報英兵入野人山境以致騰越西北邊界野人騷擾異常前因電語簡略本大臣未能告知英兵所到何地且　貴衙門亦未有英兵到該處之實信今覩目下情形及騰越邊境之避難人知　總理衙門之電即係指都司尤利所帶之兵攻擊薩洞納董即昔之葛干人一事此兵於正月初到薩洞納遂與葛干人及居於滇省北境野人相戰數次都司尤利之兵在中國邊界其所備軍器鎗礮等非僅

爲遊歷査地應帶之物此事緬官必能知之此等情形實出中國官員意料之外後英兵將薩洞納佔踞更覺詫異査薩洞納地方及又有一處古勇地方都司尤利所到係上厄勒瓦諦江一段皆緬甸界外之地向來未經緬轄此地所居皆野人無國政亦無擔當責任之政府將來中英兩國定界應照一千八百八十五年曾侯告知外部辦法分歸兩國管轄刻下

中朝以兩國界事未定此等地方不得驚擾即兩國如欲遊歷査地或有不能不懲辦野人及干預野人事件之處兩國亦應各在自己邊界一邊舉動或在自己邊

界相近處之野人地舉動，斷不得至鄰國邊界相近處滋擾也。相應照會貴爵部堂，請煩查照，須至照會者。

光緒十八年二月十五日

與法外部議裁越南等處華民身稅

爲照會事本大臣前准本國　總理衙門來函以中國請裁越南等處身稅一事業經前任出使大臣許　於光緒十二年間知照　貴國前任總理外部事務大臣佛來希尼查辦在案先是　貴部佛前大臣遣員面稱此事應俟將來查看情形再爲酌辦等語又於光緒十二年七月初五日照會　許前大臣內開本部前將遣員轉達之意今再聲明祇要中國襄助便能有成等因彼時本國　總理衙門因越南等處尙未平定經費支絀是以未肯催辦以示體恤現在該處地方漸臻安靜

諸事大有起色歷見公牘信而有徵竊謂 貴國當年未能照辦之事至此必可施行況中國於越南等處邊界通商不憚煩難妥爲籌辦原冀往來交涉等事日增月盛相與有成諒 貴國國家當有同心自不待言今身稅一事既與中越等處工商藝業實有妨礙想 貴國必肯毅然革除以表善政且此稅雖名亞細亞客民身稅其實大半出於華民華民困累較重人所共知是以本大臣將裁革之請復爲申明務請 貴大臣體察情形允許照辦以爲敦篤睦誼之據而此事發端已閱五載緩至今日尤徵中國委曲求全辦事和平之意故

望　貴國通飭越南三圻等處·即所謂華印屬部之地·將所徵之華民身稅一律革除·以蘇民困·俾中國工商雜藝人等貿遷有無·通力合作·推廣利源·其沾實惠·爲越南等處富庶之資·於　貴國大有利益·而　貴國行此德政·中國自必欽佩·可使兩國交涉通商邊界等事·益加和睦·裨益良多·此正互相維持彼此交孚之道·想

貴大臣定能洞見無遺·不待本大臣之贅述也·相應照會　貴大臣·請煩查照施行·須至照會者·

光緒十八年二月二十四日

與英外部預擬滇緬劃界事宜

爲照會事。照得貴爵部堂前月二十四日所寄中緬劃界事之節略。茲值侯總理衙門囘諭之時。本大臣先寄答覆節略一通。請貴爵部堂察奪。答允爲荷。相應照會貴爵部堂。請煩查照。須至照會者。

光緒十八年二月二十九日

附答覆英外部滇緬劃界節略

昨接貴大臣本年二月二十日所寄節略。附圖一幅。繪明英廷所擬劃清中緬疆界大略。已轉寄中朝矣。但恐圖內所繪界綫。

中朝未必能允者其端有三一上厄勒瓦諦江之地段即大金沙江在潞江以西滇邊之外通貫緬境入於南海中國所應有分者須全讓與英國近中國邊界之人向認中國爲上邦者亦由此而歸英此不允者一一將中國各處疆界推進一層須有一大變動由滇邊之西向厄勒瓦諦江至八募之東及東北方如舌形之地本係方形平日所見中西各地圖皆如是今新圖將此地忽改爲三角形與昔迥殊此不允者二一欲令雲南商務興旺由厄勒瓦諦江運貨出海最爲緊要而今將盡達以北商貨悉改由穆雷江一名麻里江在檳榔江下游之北入於大金沙江運

出反將厄勒瓦諦江之水路割去此不允者二從前
英廷極願幫助
中朝令邊境上往來商務興旺已允厄勒瓦諦江爲
滇貨出口之路而
中朝之意欲令此事易行必須於八募相近之處立
一中國碼頭則雲南出海礦產既可省費而緬甸貿
易亦必大有增益所以曾侯曾議及此擬於太平江即檳榔江下游一名大盈江亦入於大金沙江及穆雷江之間厄勒瓦諦江
之上設一中國碼頭庶幾滇緬商務各有起色英廷
亦以爲然因於一千八百八十六年允派員往八募

及厄勒瓦諦江上段窄處覓一合式之地設立中國碼頭令英廷若仍照曾侯前議則敦信睦鄰之道益加厚矣大約

中朝望英廷允許者其要亦有三端一將薩爾溫江以東之地（卽潞江潞東之地係指普洱順甯西南邊外之各土司而言非謂滇境內之騰越以東地也）並英國克緬甸時所得撣人之地均讓與中國二厄勒瓦諦江上立一中國碼頭三厄勒瓦諦江爲中英兩國公用之江令中國船隻出海與英船同以上三事亦係一千八百八十六年英廷已允

中朝者前因英國已得緬甸全境此等事件關繫較

小且於兩國均有裨益是以英廷慨然允許厥後倫敦商辦條約之事改往北京商辦英廷所索各要事一千八百八十六年所定條約一切均載齊備而中朝所索各利益無一條載入約內英廷必知此係中朝疏忽遺忘非因前允之事未曾給與　貴國是以不載向來英廷辦事悉秉大公此事諒仍照舊給與中朝至於節略末段云云尤不得不一爲聲明孟連江洪卽車里　兩地英廷擬讓與中朝者此地實皆屬中國因中國在彼聲勢大於緬

甸聲勢謂之理應歸還中國則可謂之讓與中國則
不可也現正候
中朝答覆節略之時謹代
中朝先一爲陳說
光緒十八年三月初一日
譯英外部秘密節略
所附之圖繪明英廷所擬中英兩國邊界大略
北緯二十五度三十分之北邊界信息尙未全備自
此處至南邊一帶英廷可與中國會同派員劃界以
此圖所繪界綫爲底稾英廷之意所有上厄勒瓦締

江之地均歸英國管轄則兩國俱有益處商務亦交相有益蓋有天然之山可爲界限則英廷可保護雲南來之商路英廷極願令其商務易行使界上來往商務興旺又於厄勒瓦諦江預備中國商務出路并願與中國於邊界上商立電綫可將印度電綫與北京電綫相接現印綫已築至八募照此辦法歐洲與中國之電綫又可另多一條矣英廷並願將江洪孟連地歸中國查孟連江洪有時進貢中國有時進貢緬甸今可認此爲中國屬地但中國須擔當治理該處政事以後亦不得送與別國

西歷一千八百九十二年二月二十四日

與英外部解明會立坎巨提酋之事

爲照會事照得三月十二日寶星山特生來函所說英廷答允中國派員會立坎巨提王一事　總理衙門所會之意似乎與貴衙門所告及本大臣所知之意不同本大臣是以必解明前說來函云此次會立坎王辦法以後不得援以爲例云云　總理衙門所聞之華爾身者似限定僅可會立此次坎王以後再立坎王

中朝即不得與聞本大臣以爲此非函內字句之意亦非外部所欲達之意本大臣所知者係英廷不令

中朝援刻下立王之例爲後爭辯會同立王之據儻有

別項可問之理儘可查照向章辦理現因
中朝不欲失在坎納貢舊章是以解明函內所說之意
最爲緊要不得稍涉游移閃爍　總理衙門前聞英廷
俟坎澵王選定即請
中朝派員會立等因甚爲欣慰今再講明必更釋然矣
相應照會　貴爵部堂請煩查照須至照會者
光緒十八年三月十一日

與法外部催請裁去寓越華民身稅

爲照會事照得華印屬部等處請裁華民身稅一案前經本大臣援照　總理衙門之意於本年二月二十四日知照　貴大臣辦理在案查此案前後懸擱已閱六載

中朝頗以此事爲重故不憚反覆申辯況此等苛徵之稅於中越等處工商事業實有妨礙徵之則彼此受累革之則彼此有益此中利害關鍵前文已詳言之諒

貴大臣早已明白無須贅述且　總理衙門所以囑再催詢者皆因兩國眞心和好推誠相信似此案件斷無

不能速結之理本大臣前駐巴黎曾與　貴大臣晤談此事承　貴大臣告以查明酌辦等語乃至今尚無回音未知究竟如何如已查明即請示知如尚未查明務請作速飭查允如所請并望從早見覆以便本大臣咨復　總理衙門也相應照會須至照會者

光緒十八年六月十五日

與英外部再論英犯梅生罪名

爲照會事照得本大臣接准　貴爵部堂二月二十三日來文英民梅生一案上海英公堂訊斷定罪　總理衙門以爲懲辦未當不足昭公道承　貴爵部堂允爲細心察奪本大臣特陳謝悃已蒙　貴爵部堂往詢審斷此案之正按察使亨甯及官律師威金生並欲本大臣解釋　總理衙門所云之意茲本大臣告知　貴爵部堂　總理衙門謂應辦梅生之罪不止一款當訊問梅生時梅生自認爲違例私會之會友由香港購辦長鎗手鎗及藥彈等偷漏運入中國以供會黨之用又雇

十九人爲助自帶炸藥後經搜出並有實據此皆梅生顯犯各罪斷不能掩飾者而官律師卻僅控其帶炸藥一罪謂梅生帶此炸藥疑其謀爲不軌所用梅生當即招認設即按此論罪照一千八百八十三年所定炸藥之例亦應監禁十四年並作苦工今定梅生之罪何以僅監禁九箇月不作苦工又未言定將來逐出境外試觀近貴國華爾沙爾一案所定懲辦炸藥之法其罪輕於梅生而懲辦反重則所以懲辦梅生之輕不辦自明矣 貴爵部堂接本大臣照會雖辯駁數端而於梅生辦法之輕亦無所措詞查本大臣二月十四日照會

貴爵部堂所辯論者．一梅生不能援一千八百八十三年炸藥之例第三條控告．因此第三條之例．係專辦在英國犯款之人．二梅生亦不能援一千八百七十年外國雇人之例控告．三如照一千八百六十五年三月英廷所定辦理在中國日本英民之例第八十一條控告．亦未見有加重梅生之罪．緣此條辦法．監禁不出二年．今本大臣聲明各節．查此次梅生一案罪重罰輕．總理衙門所最不解者．當此案審實之後．僅按炸藥例一條懲辦．且辦法并未全照英例．此案若出英國．懲辦必無此種輕法．此中關鍵．不得與可告梅生別項之罪與不可告別項之罪。兩說相混也。　總理衙門謂現辦梅生已認之罪。與律例已不能合。儻將梅生所犯別罪。再行提審。則知辦法之輕。與其應得之罪。更大相逕庭矣。至於　貴爵部堂所駁三層。本大臣逐一詳究。欲知來文所論之理是否。先須知何者爲律例。今照兩國條約而論。一查軍機處所定之例。即知管理在華英民。當用英例治之。軍機處所定之例第五條內。言管理爭案及罪案之權。應照平常之理。及公平之道。並國家議定之例。及當時通行之例。在英國及爲英國辦理。並給與審事公堂審判各權柄。本大臣查閱此條。即足以答　貴

爵部堂之辯梅生亦可援一千八百八十三年炸藥例
第三條控告矣或者第三條例不能用於英屬地本大
臣亦不參意見但英民在中國應用在英國通行之例
以管轄之則梅生之案卽不得因例內有在英國字樣
遂云不能援引也若謂同一律例第四條可以援而第
三條則不能援斷無此理猶之英民在中國走近官房
有可疑之情形可以辦其監禁十四年並作苦工同是
此人因僅帶有炸藥見其將炸藥放於官房而正在逃
避時被獲反不可以辦罪有此理乎 貴爵部堂又謂
梅生不能援犯一千八百七十年外國雇人之例控告

本大臣二月十一日照會，尚未確知此例可援與否。今觀此例第三十條內云外國國家字樣，非僅作外國國家之解，並可作一省之解，亦可作省內無論何人或多人或一人欲與國家相抗之解。洵如此言，則哥老會亦可作外國國家之解矣。則梅生亦定可援外國雇人例第四第五第六等條控告矣。因梅生在英屬香港雇募歐人十九名，購買軍器，以供匪用，俱有實據，理應從重分別治罪也。若　貴爵部堂第三端所駁一節，謂控梅生犯一千八百六十五年軍機處第八十一條之例，亦屬無益。照此審辦，罪名既不加重，辦法亦不加多。本大臣詳加考核，意見與　貴爵部堂不同。本大臣查得英國辦理犯人，常見有一人被控多款，儻審實其犯罪多於一款者，即照多款分別治罪。如前嫡智邦一案，審得發假誓兩次，後定其罪，每次坐監七年。七年之禁，非同時兩罪並罰，乃分作前後計算。是以此犯坐監十四年，非僅七年而已也。儻將梅生應得各罪分別科斷，所犯決非一條，必如嫡智邦一案，逐款治罪而後可。即使別項罪款尚未能審實，而入哥老會之各證據定可查出，則梅生之罪亦不應如此之輕，僅監禁九箇月，不連作苦工也。今日午刻有一華人由圜慈華次監牢期滿放出此人坐監三月連做苦工詢其罪爲偷漏稅項之故偷漏僅梅生罪中最輕一款辦法尚如是之重今乃因僅控梅生一款之罪又因其自已招認案遂未曾深究則訊判亦有名無實枉法寬縱太不公平梅生與哥老會來往證據官律師應出力搜尋在中國須與在英國一樣此官律師職分應辦之事不得以無從搜查推諉緣英廷既允遵照條約管理在中國之英民不作壞事英廷尤須力任應辦事件凡英民在中國結黨鬧事之案

中朝雖無交出應有證據責任而無不願幫英員搜查

自上海審判梅生之後　總理衙門查出梅生罪款甚多儻再提審即當交與香港審事公堂察辦刻下本大臣將以上各情節告知　貴爵部堂聽憑辦理近來歐洲各國頗患炸藥國家人民皆受其損實可懼也梅生係首引炸藥謀禍中國之罪魁本大臣知　貴爵部堂必將此人重辦以示警戒俾後人不敢效尤且查英國懲辦炸藥之案自一千八百八十一年至一千八百八十五年犯炸藥案者二十九人內十七人辦以終身監禁連做苦工其餘十二人監禁五年連做苦工自一千八百八十五年之後審辦炸藥之罪祗有日漸加重未

見日漸減輕．日前華爾沙爾炸藥一案．罪犯三人．其所辦者與辦梅生同一條例．其罪若與梅生比之．直可云無罪耳．而按察使所定之罪．一犯監禁連做苦工五年．二犯監禁連做苦工十年．梅生所犯之罪．實爲有教化國家所當結實懲辦．不可稍從寬恕者．乃梅生所受之罰．僅如平常竊賊．是以本大臣欲其再行提審．分別定罪．不許再至中國．緣華人入哥老會者．多辦死罪．梅生逗遛中國．衆人見之．必起不服之心也．相應照會　貴爵部堂請煩查照須至照會者．

光緒十八年四月十八日

與英外部理論緬甸入貢事宜

爲照會事照得本大臣接准　貴爵部堂三月初九日來文承示按照一千八百八十六年七月二十四日中英所立緬甸條約第一款內緬甸每十年派員赴中國入貢一次因款內未曾載明第一次派員日期印度政府誤從定約之日算起料理派員赴華本大臣欲告知

貴爵部堂條約內雖未載明第一次派員日期而載有照向章辦理每十年派員云云卽此可知緬甸十年一貢之例非定約時從新另立乃照向來緬王分所應辦者接續辦理第一次派員之期非照緬甸歸英國管

轄日算起須由緬甸未曾服屬英國時統前計後每屆十年則入貢一次照章辦理茲從諦保王派員之期迄於今日逐年計算英國應派員赴北京逾期已久矣相應照會　貴爵部堂請煩查照須至照會者

光緒十八年五月初五日

與英法義比外部鈔借用洋債奏案

爲照會事照得本大臣接奉 總理衙門來文奏明嗣後中國各省督撫借用洋商銀兩必須預先奏明有案方准借給若無奏准案據而私借給者

朝廷概不承認已於光緒十七年十月二十四日奉

硃批依議欽此此係愼重借款以免洋商受累起見除由 總理衙門照會各國駐京公使並分咨出使各國大臣通行各國外部查照外相應鈔錄原咨照會知照

貴大臣查閱即請曉諭 貴國官商人等一體遵照施行須至照會者

光緒十八年四月初八日

與英外部議定會立坎巨提酋體制

爲照會事照得本大臣接准　貴爵部堂本月十一日來文承示封立坎巨提新王之事因欲令中國官可以從容到坎已照本大臣之所請改定前八月十五日爲九月十五日本大臣曷勝欣感又承示封王之禮克什米爾王須敕書一道由英員送交新王中國官爲尊貴觀禮之員當備以合式之位本大臣知中國官赴坎貴國國家自能發諭告知駐坎英員優禮接待然必須詳細解明不致英員稍有誤會本大臣亦可豫告中國所派之員不至臨時有所爭論所有應行一切禮節須

在英預爲商妥英國官及中國官應在同一尊貴之位克什米爾王所派之員居於稍低之位如是則克什米爾之員不至與中國官並行查棍雜城與倫敦及北京相距窵遠儻在坎英員與華官或有意見不同處欲從新請示必多日方到是以諸事須料理周備免得偶有差池以玷中英兩國封立坎王之盛典此次會封坎王乃兩國極爲親睦之據也相應照會　貴爵部堂請煩查照須至照會者

光緒十八年六月二十六日

與比外部派員赴考核罪犯會

爲照會事·本大臣接奉　總理衙門來函·知本年西歷八月初七日　貴國都城開設考究罪犯形體之會·因

貴國駐京公使之請·擬由本大臣派員赴會觀看·本大臣查使署既無驗犯官醫·又無形名律師·姑委三等繙譯官吳宗濂屆期前往看會·以盡禮儀·其入會之費法銀二十佛郎·已交該員祗領·面交會中可也·相應照會·須至照會者·

光緒十八年閏六月初七日

出使公牘卷之八終

出使公牘卷之九

無錫薛福成叔耘

洋文照會

與英外部三論英犯梅生罪名

爲照會事照得本大臣接准　貴爵部堂西七月初二日來文詳辨英民梅生一案並鈔示上海英公堂官律師來函備述辦理此案巔末及按察使來函所言大意以辨　總理衙門怪其定罪太輕等因均已閱悉查梅生自供在鎮江通匪謀叛又在香港招雇英人八十九名滬關查獲洋槍三十五箱種種罪狀無可遁飾本大臣

現雖不欲再爲多辯・然究不能不將官律師及按察使所言各節・一申論之・官律師告知　貴爵部堂・南京制台一面怪悔生定罪太輕・一面專派一員嘉其在公堂陳說之是・後云伊亦不必辯論・請本大臣自已解釋・伊所辦之事・早經制台極意稱贊・何以至今反被批評云云・本大臣欲告知　貴爵部堂・本大臣非爲各省官員辦事・乃代本國

國家辦事・即就制台而論・亦未見本大臣初次照會意見・與制台意見有不同處・制台贊官律師陳說之是・本大臣亦未嘗以官律師之陳說爲非・本大臣所怪官律

師者非怪官律師之陳說乃怪官律師於此案應行查辦各節未曾妥爲查察並怪其僅控梅生一罪致按察使雖欲審辦別罪而不能至於律例一節本大臣前次照會已經詳論茲亦不必贅說惟云梅生不能援外國雇人之例訊問亦不能援一千八百六十五年英廷所定管理中國日本英民例之第八十一條訊問此語殊屬不解同一例也第五條內明明詳載訊問英民自有英國尋常之例及議定之例何以英民在華結黨鬧事偷漏犯禁軍火入境而謂無例可援俾得脫逃羅網此實讞定梅生案情未能曲當者也若謂華員不知哥老

會作何事欲向梅生探聽確信此必官律師誤會華員之意蓋中國嚴禁此會業已不計次數儻不知其有害必不懲辦如此之嚴按察使謂彼職司係照英律審斷不計如何辦法本大臣亦以爲然蓋按察使應辦之事即照所控之罪按例懲辦而已官律師控告梅生犯炸藥例第四條罪按察使照例應斷監禁二年並作苦工或斷充軍十四年今按察使僅斷梅生監禁九箇月不作苦工按諸律例相去太遠中國之所怪者在此非欲按察使照華例懲辦也至謂梅生僅若與同席之人造戲一劇並無實在險事不過癡妄之想本大臣殊不以

此說爲然梅生確爲結黨謀叛之人卽就克老司開之口供證據核之可決其非癡妄之想蓋梅生早蓄異謀實有望其必成之意直至公堂審問時忽佯作癡呆耳故其語甚虛幻前後不符且本大臣不解梅生寫於日記簿之事何以與造戲消遣一樣此時同席之克老司開已不在海關矣初雖不信梅生欲爲不軌後旣見其眞實何又爲之幫手梅生將一切私事均託克老司開經理此外又有梅生力辦各種證據如此舉動何人能信爲兒戲耶蓋梅生捨一生事業不憚數千里遠赴香港出銀購辦軍火雇人作亂而尙不得爲眞實證據試

問、貴爵部堂更有何種證據爲眞實乎·尤可異者·官律師盡知其情·於陳說時則詳論其罪·於控告時則不詳敘各罪在內·官律師云梅生已入亂黨·係極險事·彼實欲將此軍火交與亂黨耳·此皆官律師自陳之言·而控告時卻不將各罪敘入·以致按察使無從審辦·而按察使亦以事同兒戲一語·輕爲開脫·則英國之例·必待重新修改矣·總之梅生所犯各罪·理應懲辦·不得以無例可援爲辭·官律師及按察使·理應照職辦事·不得袒庇英民·以致案情遁飾·去年教案一起　貴國公使疊向　總理衙門·催逼懲辦鬧事罪犯·必如願而後已·稍不遂意則謂中國法令不行動以絕交用武爲辭其情形何等利害今英廷於官律師所信爲與亂之人竟不一問其別項之罪願英廷詳察之今中朝正辦理教案所有撤官懲犯賠卹諸事無不竭力爲之以順各國之情將辦理不力不能彈壓頑民之員革職撤退懲犯則正法者數名軍流徒杖者多名賠卹則通計各處共銀三十餘萬兩本大臣平心論之當日愚民之蠢動以有會匪爲之倡也會匪之鴟張以有代辦軍械之梅生助其膽也中國被擄實甚受虧實多皆隱受梅生之累謂此舉僅係癡想且云不能實有險事本大臣實深悵悵

明係招人謀叛而謂之癡想則愚民之攻擊教堂皆可云癡想矣顯有洋鎗炸藥而謂無險事則不服西教者之謗書揭帖更可無險事矣中國愚民甚多彼不知西洋律法之執一而但見中外辦理之失平萬一再有燒毀教堂及別項滋擾之事亦將曰我兒戲也瘋癲也自此中國懲辦之法更形棘手請問 貴爵部堂將何以處之卽西洋各國公使亦將不復辯論乎 貴爵部堂來文謂照英國常規按察使所做之事必令其全由自主國家不得干預然我中國督撫司道之辦事亦有一定辦法去年所辦教案各省督撫實係委曲勉強從事

其撤官懲犯各節若照中國原定律例之意本不應如是加重所以如是加重者亦爲顧全中外睦誼起見耳自今以後各省督撫是否視　貴國此次辦事爲榜樣此非本大臣所敢懸揣但望兩國交涉從此平安無事方不至再啟爭論及一切難辦之事耳相應照會　貴爵部堂請煩查照須至照會者

光緒十八年閏六月初七日

與英外部告知奉　旨商辦滇緬界務

爲照會事照得本大臣接准　貴爵部堂來文爲中英擬劃中國與上厄勒瓦諦江地及英屬緬甸地之界綫事本大臣將此文並　貴爵部堂前次言此事之來文報知　總理衙門今奉到本國
上諭著與　貴爵部堂商辦並商辦本大臣三月二十八日節略內所說別項之事俟　貴爵部堂何日有便即可起手商量本大臣擬各派一員照從前商議各事同式　貴大臣派一員以代外部本大臣亦派一使館中之員先行相商因本國

國家望此事早日商妥務俾兩國劃界之事趕於秋涼開辦也相應照會 貴爵部堂請煩查照須至照會者

光緒十八年六月十六日

與英外部催請商議劃清野人山地及滇緬界務爲照會事照得本大臣七月初八日照會所說一節中英兩國派員會同劃淸野人山地及中緬交界之事必須預商本大臣望　貴爵部堂於放假期內可以料理商議之事因中國急欲辦此劃界之事不可令其再遲茲查劃界之期轉瞬卽至本國國家望此大概情形早爲商妥俾兩國委員可以派出早日相會也爲此照會　貴爵部堂請煩查照須至照會者

光緒十八年七月初二日

與英外部派參贊官馬格理與英員會議界務

爲照復事。照得本大臣接准　貴爵部堂來文，承示劃清中緬交界之事，當預備開議，均經領悉。今本大臣已遣本使館參贊寶星馬格理與　貴爵部堂及印度部尚書所派二員，於明日下午四點鐘在貴部衙門會商，相應照會　貴爵部堂，請煩查照，須至照會者。

光緒十八年七月十一日

與英外部請退昔董英兵並索問厄勒瓦諦江上段之地

爲照會事照得本使館參贊馬格理呈閱寶星山特生本月十二日來函內稱　貴爵部堂聞本大臣奉到
上諭請英廷退出昔董之兵爲商議中緬邊界之首事
貴爵部堂甚爲詫異並欲本大臣言明索問中國邊界與厄勒瓦諦江上游中間一帶地段之理今本大臣據理而論昔董即在此段地內請英兵退出昔董並請允以後不再佔踞爲商議劃界之先務此乃自然之理否則中國索問其地豈非徒屬虛文矣本年二月間英

兵初至昔董近地本大臣即奉
特諭告知英廷英兵過野人山在騰越西北地方該處
人必惶惑後爲英兵所攻佔踞其地又遵本國
上諭請英廷速諭退兵並不准再行前進因察勘上戹
勒瓦諦江東邊形勢必應歸入中國查本大臣與 貴
部前任外部大臣沙往來文書及面談一切本大臣方
謂 貴爵部堂必能即允退兵況緬王屬地以北上戹
勒瓦諦江東之地在英國克緬何時 曾侯出使任內
早經論及嗣後本大臣與 貴部照會中及五月間與
沙侯會晤時亦曾論及故昔董退兵之事前次會見

貴爵部堂及函內無須再行贅述因早經言過也
中朝既欲索歸金沙江東邊之地自必力請英兵退出
昔董其地應歸中國正無須說出證據然既承　貴爵
部堂詢及本大臣亦甚願答覆今將索問前緬王屬地
以北厄勒瓦諦江東所有之地起至厄勒瓦諦江之根
源而止中國索問之理可證者約有五端一照大概規
矩中國邊界一帶野人之地有別國進來不得不預備
保護二其地所居之民認中國為上邦凡遇有事之秋
每請中國之示及請中國幫助三該處貿易及一切工
作居民皆中國人或中國種類之人四該處民人之教

化皆中國之教化五貿易之事皆中國人且每年加增中國有此五證非特可索東邊之地并可索問厄勒瓦諦江西邊之地則分界更覺均匀但必照此而行或致界事難辦

中朝亦願省去跋涉不欲多索可令劃界之事不致躭延儻因退兵之請遂致商議界事延擱多日本大臣實深悵悵蓋因緬約在北京立後至今已六年矣界事倏商已久又因此而致緩議殊大失所望也且厄勒瓦諦江東邊之地

中朝已屢次索問即請昔董退兵一事於議界之先早

經說及今。乃一言此事。　貴爵部堂即以爲異。尤本大臣之所不解。本大臣之意。儻英廷能允華兵到後。英兵即退。則其餘劃界之事。仍可從早開議。本大臣亦不必再述本月初八日本使館參贊在外部所說各節。英兵如退出昔董至厄勒瓦諦江之西境。

中朝擔承自中國邊界。至厄勒瓦諦江一帶地方居住之民。不至滋事。務令道路通達。及保護商人可也。相應照會。　貴爵部堂。請煩查照。須至照會者。

光緒十八年七月二十七日

與英外部請增修管理在華英民條例

爲照會事照得　總理衙門於西歷八月間照會駐京各國欽差請增修管理在華英民條例諒經　貴欽差轉達今本大臣奉文告知　貴爵部堂　總理衙門前次照會係欲照行天津條約禁止軍火進口各款益加嚴密去年梅生之案及朝陽建昌亂民所用軍火皆外洋製造之物由私運而得藐法妄爲不得不重申禁令以便保護地方按照一千八百五十八年十一月初八日所立通商章程第三款內云凡有違禁貨物如火藥大小彈子礮位大小鳥鎗並一切軍器等類概屬違禁

不准販運進口。又通商章程第五款第五節內云。硝磺白鉛均爲軍前要物。應由華官自行採辦進口。或出華商特奉准買明文。方准進口。如違查出充公。此等大件。較難偷漏。尚易防範。若第三款所說之貨。卽不易查察。一因此等之物。掩藏極易。二因舊樣軍器其價在歐洲極廉。運赴中國每得重價。偷漏入口習以爲常。卽查出充公。亦不能絕其來路。一千八百六十五年　貴國所定之例。未載懲辦此等違約事條款。卽查出英民出售軍火。祇要華人非明作叛逆之事。卽無懲辦英民之法。官律師不能控告梅生犯偷漏軍火之罪。可爲此節之

明徵也·

中朝深望英廷卽命律例官察度情形·於管理在華英民例內·修改數條·或續增數條·俾臻周備爲要·本大臣請英廷詳察　總理衙門照會·並請諭知寓居中國通商口岸英民·相應照會　貴爵部堂·請煩查照·須至照會者·

光緒十八年八月二十三日

與英外部添設檳榔嶼副領事

爲照會事照得華民寓居檳榔嶼頗衆中國

國家欲於該島設一領事人員本大臣囑駐紮新嘉坡及海門等處之中國總領事黃遵憲選擇一合式之人爲檳榔嶼及其屬地威利司雷省並丹定斯等處之副領事官今已薦舉紳士張振勳莅此任查張振勳係候選知府卽檳榔嶼之富商在新嘉坡及海門等處經商約三十年矣頗有聲望本大臣欲請英廷允准並發諭照辦曷勝翹感相應照會　貴爵部堂請煩查照須至照會者

光緒十八年八月二十七日

與英外部刪除加那大苛待華民新例

爲照會事照得本大臣去年七月三十日照會所開及本年八月二十日與　貴爵部堂面談之事因英國屬地看待寓居華民與別國之民不同近聞加那大域多利亞議政院又新改一例於本年七月初九日照行此例於寓居加那大華民大有關礙一千八百八十六年間所立華人入口之例本大臣總望英廷不可准行此例之第十三條爲近所修改煩苛已甚頗覺不平屢經中朝批斥今不料所改之條不特未將前語刪除且較前更加嚴酷同一寓居之民而待別國之民與待中國

之民顯分區別，殊屬太不公平，查所定原例，華人欲離加那大赴別處，將來仍欲回加那大者，給與執照一紙，以便回加那大時，出示執照，可免付丁稅洋五十員，不與第一次入境同，今改易之條，將執照廢去，加入以下所開章程，

一每華人欲離加那大，將來仍欲回來者，應在起程海口或內地，呈送該處管理官知單一紙，單內開明欲赴外國某處海口或內地，去時及來時路程走法，送此知單時，須出費洋一員，管理官即將其人姓名住址，行業年貌，並別項應載之端，註入冊內，

二如此註册之人欲回加那大須在六箇月期内自註
册之日算起期内回加那大經管理官查看無誤便
可向該官收回登岸時所付進口税如該官看此人
可疑原銀即不能收回亦不能控告
今觀此等章程是限定華民離加那大祗六箇月之久
六箇月爲時甚促離加那大之華民難保無關涉貿易
或患疾病或遇行船不測之事每易耽延逾限俟其回
加那大覺已逾期看待即如初次到埠之人税銀即不
交還是令其付第二次之丁税矣再如即在六箇月期
内回加那大若必須在前起程之地方官處證其是否

本人・儻華人由加那大西邊文古法赴別國同來時欲
在加那大東邊哈力法克司寓居則必由加那大東邊・
不辭遼遠奔赴加那大西邊管理官處・以證其原人矣・
本大臣告知　貴爵部堂・新例一事・係加那大政府所
改・看待華民・殊屬不公・而
中朝見怪之大端・尤在分別看待華民耳・在加那大各
國之民・均給與一切權利・獨於華民異樣看待・此
中朝所以常欲批斥耳・英國有議政院之各屬地・設此
分別看待華民之例・既不合中國條約之理・亦與萬國
公法相背・且此等屬地・與中國貿易最大・得中英條約

益處最多其看待華民乃至今如是本大臣望英廷速將此例革除況如香港等處寓居者華民爲最衆華民享受一切權利與別國民同其管理之例亦用同樣之例未見有不足管理華民者何以僅加那大與澳大利亞必另設苛例以管理華民乎相應照會　貴爵部堂請煩查照須至照會者

光緒十八年九月十一日

與巴西駐法公使允准照約遣使

爲照復事前准　貴大臣西歷十月二十五日文開

貴國大伯理璽天德願照光緒七年八月十一日兩國所定條約遣派使臣駐紮京師請代奏

大清國

大皇帝允准照辦以固邦交等因本大臣比將　貴國之意電達　總理衙門茲接　北洋大臣李轉到　總理衙門電稱　貴國既願照約遣使自應按照中國現行禮節與各友邦使臣一例接待以敦睦誼　貴國派使何時能到中國如將所派銜名開示即可轉達　總

理衙門奏明

大皇帝允准照辦相應照覆　貴大臣轉報　貴國查

照可也須至照會者

光緒十八年九月二十五日

與英外部續催會議滇緬界務

爲照會事照得西九月初九日兩國委員在外部會議劃界事務中國以昔董退兵爲商議界務第一件事因此轉使界務輟議英廷以爲有所阻礙至今仍未肯續商兹本大臣請　貴爵部堂以退兵之請作爲未有其事但本大臣欲聲明者謂此次照會所請並非於索問厄勒瓦諦江上游東段之地稍行改易

中朝仍欲索問前說一切全數不過去其阻礙仍可復續前議望從速定一日期以便續商界務本大臣昨與

貴爵部堂面談時許於下禮拜可以示覆今本大臣

靜候來文，酌切施行。相應照會　貴爵部堂，請煩查照，

須至照會者。

光緒十八年十月十四日

與英外部三催會議界務並聲明失望情形

爲照會事照得本大臣接准　貴爵部堂本月初七日來文所言之事類多含混本大臣殊爲失望前月三十日與　貴爵部堂面談之頃英廷所詢中朝索問厄勒瓦諦江之東緬甸之北一帶地段之意均經本大臣答覆承允下禮拜可有回音迄今未蒙見告又遵照　貴爵部堂收回昔董退兵之請以便續開中緬界議今仍未蒙定一續商日期本大臣之照會係九月十七日中國索問厄勒瓦諦江東上游之地一係覩該處實在情形一係照萬國公理若欲查訪該處細

情現已數月英廷諒必查淸若論萬國公理亦無待再辯江東地歸中國之說不難早定刻下此段有數地雖經英兵佔踞本大臣知英廷本不以此等地方卽據爲英國之地無庸過慮卽暫佔踞普董亦不過欲懲辦葛千人（卽科千）所爲不善而已以後治理此等地方之人悉由

中朝肩任其事務俾安靜可也相應照會　貴爵部堂

請煩查照須至照會者

光緒十八年十月二十四日

與英外部遵　旨致謝英君主送呈自製書集

爲照會事照得　貴國駐京欽差昨日覲見我
大皇帝時特呈　貴國　大君主所贈盒一隻內裝
書二本一係阿爾白王行述一係居巴麻宮之日記內
有一本卽　大君主自簽
大皇帝見之甚爲貴重因此見　大君主與
大皇帝極爲親睦之據今本大臣奉　總理衙門電傳
諭旨致謝應請　貴爵部堂轉達此意於
大君主前相應照會　貴爵部堂請煩查照須至照會
者

光緒十八年十月二十六日

與英外部聲明開欽野人並厄勒瓦諦江上游應

歸中國

爲照會事照得本大臣接准　貴爵部堂西去年十二月十三日來文內言

中朝索問厄勒瓦諦江以東緬甸以北地段之事係答覆本大臣西九月十七日之照會辯駁

中朝索問之理其實僅駁復本大臣前文五條內之一條此一條又非五條內要事　貴爵部堂僅辯開欽卽葛干野人不屬中國一事此事本無關緊要儻　貴爵部堂不詳問

中朝索問之理本大臣直不計及此等土人之事今據來文謂英廷未能查得此等土人中國曾經治理之實據此說不然緣各國屬地土人有向屬其國而無治理實據者甚多非特邊界外有之卽中國十八省內亦有之如湖南貴州苗人猺人各種居於山中平時不甚歸中國治理而實未嘗不歸中國統轄由此觀之卽使中國未經治理開欽人亦不得因未見治理實據遂謂中國不能有治理之權英廷查得百年以來中國未經管理厄勒瓦諦江之上游遂謂厄勒瓦諦江兩邊之地至恩梅開江及邁立開江匯流之處必係緬王派員管理

本大臣殊不以此說爲確英廷創此一說是否欲索問厄勒瓦諦江與中國邊界中間之地若果如此乃此時商議界務新創之說緣本大臣向未聞英廷提及也緬甸北境與中國邊界中間之地係一千八百八十六年間曾侯與外部商議時曾說明留出此地在緬甸之外日後須另行商議自一千八百八十六年以後凡有說及江東邊地之事無不以此爲中國有聲勢之地即英廷亦屢有此議昔董在華界一邊照地理形勢定應歸屬中國西一千八百九十二年春間

中朝請英兵退出昔董英廷並無辯論儻此段之地亦

係緬甸所管彼時必早說及矣又　貴爵部堂前任尚
書沙侯在外部時使館與外部往來文書及談論之際
分地之理爲兩國所共認未嘗有所駁辯西去年二月
二十四日沙侯節略內云英國治理厄勒瓦諦江東之
地係因兩國利益有關保護利益起見必須先請
中朝答允並非英國有治理之權也本大臣於西去年
末次與沙侯會晤時言及厄勒瓦諦江上段之地爲野
人所居自緬甸歸英國以來情形改變此等野人之地
將來必須兩國分之此說已談及多次矣
中朝雖知英廷必不改此辦法惟　貴爵部堂來文旣

言及緬甸歷來之事並云緬甸曾管理厄勒瓦諦江東之地直至恩梅開江及邁立開江匯流之處本大臣飭不得不將從前詳細情形再說一番

中朝仍以爲厄勒瓦諦江上段之地並非緬屬與一千八百八十六年七月二十四日條約所載分界之事不同今兩事自應乘便同議商賈往來中國與厄勒瓦諦江之路自宜保其安穩開欽野番亦宜妥爲管轄

中朝亦以此爲要事俟厄勒瓦諦江上游界限定妥後

中朝當審量辦理此事也相應照會　貴爵部堂請煩查照須至照會者

光緒十八年十一月二十四日

與英外部聲明管理江洪孟連及新設鎮邊廳權勢

爲照會事照得本大臣接准　貴爵部堂西十二月二十六日來文内開英廷近查知一千八百八十七年雲南中國官曾發兵至孟連北方山中老瓦之地後即隸入滇省設立鎮邊廳同知以管轄其地又管轄鎮邊及湄江中間一帶之地此係麥人及別類土人所居前爲孟連江洪所屬等因今本大臣已經察核矣英廷怪中國官如此舉動大約因見江洪孟連兩頭目同時進貢中國及緬甸似有同樣索問之權謂華官管理其地稍

改變一千八百八十六年前歷來辦事之情形英廷所得信息本大臣未知是否確實儻係確音本大臣欲告知　貴爵部堂雲南制台管理此等地方並非改變向時情形卽使江洪孟連實有貢緬之事中國亦未曾阻止江洪孟連地方中國之聲勢較大英廷已早答認緬甸與江洪孟連之關涉較中國大不相同中國所以索問江洪孟連者非如緬甸之僅在進貢一節進貢不過有上邦之權而已若江洪孟連非僅認中國爲上邦實資中國爲治理回匪在雲南作亂以前江洪孟連向屬中國惟此管轄之權作亂時暫爲停阻該處小事中國

縣聽宣慰司辦理而其如何計地輸糧係由滇督派員
定奪且徵收錢糧數目
大清會典所載甚明滇境設立鎮邊同知及管理鎮邊
與洄江中間一帶之地不應視爲中國在該地別有舉
動不過將一千八百五十一年間回匪作亂時暫行退
出之管理稅務官員仍行派往收回從前權勢而已本
大臣以上所說自足去英廷誤會之見
中朝之意以爲中英兩國交情所關儻能於此劃界之
事愈早議定則愈妙耳相應照會　貴爵部堂請煩查
照須至照會者

光緒十八年十二月初二日

與法外部申論删除寓越華民身稅有益無損

爲照會事照得越南等處徵收華民身稅一事迭經本大臣咨請　貴國設法裁革並飭代理使務駐法參贊官慶常面催在案查此稅於該處工商事業均有損害業將其中情形詳於歷次文牘諒　貴大臣查閱案卷必能洞悉無煩贅述上年七月接准　前部大臣李照會稱此事正在籌畫一俟酌定辦法即行知照等因今遲至數月未得要領是以遵照　總理衙門函囑之意再向　貴大臣重申前說按身稅一項於華民固有所損於　貴國亦得不償失緣該處工商事業皆須華

民爲之華民稅輕則工省價廉百廢俱舉其利仍歸於
貴國若華民稅重則工費價昂諸務拮据其害亦仍
歸於　貴國此中得失關鍵一經道破想　貴大臣自
然解悟也況華民勤苦耐勞安分守法尤非他國人所
可及以越南物產之饒自然之利所在皆是苟得華民
通力合作必能日臻富庶裨益良多惟　貴國必須薄
其稅斂蘇其困苦方能有濟儻徵稅太重財匱力竭是
自塞利源矣試觀南洋各屬部物阜民豐商賈輻湊皆
賴華人經營之功而其優待華民諸善政實有足取法
者今　貴國欲開利源致富庶曷不擇善而從准如所

請則異日生發之利取償之資嘗有十倍於身稅者捨目前多損少益之小利而圖將來富庶豐盈之大利是所望於　貴國之賢大臣也且今歲北圻各處盜賊滋熾邊境擾攘而法兵亦疲於奔命此因　貴國之請經
總理衙門飭令邊界官員設法防範以靖疆圉護援
法兵以敦鄰好足徵
中朝休戚相關遇事提攜之美意卽此一事而論想
貴國所得之益所省之費亦當數倍於身稅矣　貴國素講禮尙往來之道則革除身稅以恤華民正與此道相符且可表明　貴國推誠相待之心使兩國邦交日

罔彼此皆獲裨益除飭代理使務參贊官慶常面陳一切外相應照會 貴大臣請煩查照見復施行須至照會者

光緒十九年正月十六日

與英外部條擬展界讓地辦法

爲照會事照得本大臣於本月二十日與　貴爵部堂面談中緬劃界事因　貴爵部堂不認兩國分管甌脫地辦法議論不協之際　貴爵部堂囑本大臣另擬一法以八募東北中國界外一條之地請中國稍加展拓今本大臣雖仍以分管甌脫辦法爲是然因　貴爵部堂之請仍允收受　貴國所願讓地兩處姑擬辦法四條一中國所索問厄勒瓦諦江東邊全地歸中國今改爲中國邊界應行展拓之地距邊界外扯算酌中之數闊二十英里自穆雷江起至北緯度二十五度四十分

止歸中國·二自北緯度二十五度四十分之外之地·俟查得該處地理情形稍詳細後·然後兩國再定·三所有照以上所定地界之外·至厄勒瓦諦江之地·均歸英國·英國須將江洪孟連各處上邦之權·皆歸中國·並將薩爾溫江之東九鄉之地·俗呼爲科干者·讓與中國·又由薩爾溫江之西中國屬地猛卯城相近處·包括漢龍關在內起·作一直綫·至薩爾溫江對面馬里百地方止·一切之地·皆歸中國·四所有兵寨·刻下或日後兩國之兵儻遇駐於以上所說之地·非歸其本國者·俟議定邊界後·兩國再定退兵日期·本大臣擬此四條·送　貴爵部

堂察核。如或不允此辦法。則中國
國家索問厄勒瓦諦江上游全地之權。仍舊如前耳。相
應照會
貴爵部堂請煩查照須至照會者。
光緒十九年二月初五日

與英外部續擬展界讓地辦法

爲照會事照得本大臣接准　貴爵部堂五月初八日來文內開本大臣三月二十二日照會所開中緬劃界事宜英廷均經察核惟所擬劃分上厄勒瓦諦江一節未能應允另擬辦法等因本大臣卽將英廷所擬寄呈

中國

國家查核矣前本大臣所擬欲將中國界外自穆雷江起至北緯二十五度四十分止一條帶形之地闊二十英里包括昔董在內均歸中國者因華人散布厄勒瓦諦江各處並勒開伯陽蠻拓陽及南塞陽地方爲最多

以便易於管轄耳．乃今英廷所擬．則大不然．劃歸中國之地．一在穆雷江北．一在穆雷江南．此二處絜長補短．僅五英里闊．一條帶形之地．亦祇包括昔馬而不包括昔董．則與本大臣所擬．迥不相符．儻英廷所擬之條．不至相去太遠．

中朝無不應允．今將厄勒瓦諦江東段．勻分兩半．歸英國者皆係平地．歸中國者．僅爲山嶺．肥磽懸殊．奚啻倍蓰．即此一端．已可易英廷所許薩爾温江東西之地．及江洪孟連之權利矣．乃英廷又擬自薩伯坪北．以薩爾温江及恩梅開江中間之山．水流分界處爲界．綫兩江相距如此之近中間之山如此之大是仍以老邊界為邊界也是以未能答允若照公平辦法以邁立開江及恩梅開江中間之地分一界綫較為公允望　貴爵部堂一詳核之至於英廷所詢

中朝索問穆雷江北厄勒瓦諦江全股地段之理云英亦有實在憑據彙集印度不難出以相示本大臣曾於去年十一月十七日照會內將

中朝索問之理開列多條除一條經　貴爵部堂辯過其餘至今未覆即外部商議界務各英員皆以為厄勒瓦諦江東山嶺之地向不歸緬甸管理平地上亦僅米

紀納相近一小地・為緬甸所轄・儻印度所得憑據異是・
顯屬新創此說・本大臣不解緬甸索問此股地段之理・
在何處耳・若云二十英里帶形之地・劃歸中國以後山
中土番來攻英地・英廷便難防禦・此論殊太牽強・實非
持平之見・即如近日厄勒瓦諦江東邊情形・亦屬英人
自好窮兵黷武・
中朝屢次勸過不可輕攻開欽野人・因攻非其時・照羅
馬古例・自開邊釁・不得向人索償兵費也・相應照會
貴爵部堂・請煩查照・須至照會者・
光緒十九年五月初六日

與英外部轉催坎巨提進貢沙金

爲照會事照得　總理衙門接准　新疆巡撫饒信稱坎巨提每年到進貢之期而貢物未來請示如何索問等因　總理衙門知貢使未到之故非坎酋不願進貢必因諸事更新恐駐格里格提英員不悅是以不貢本大臣欲請　貴爵部堂諭知坎酋英員並無此等意見前　沙侯與本大臣所議之事　貴爵部堂諒必記憶若坎巨提不歸併印度中國原不欲加權於該國而向來所有受貢及別項權利仍應照常坎部貢金一兩五錢爲數甚微若就權柄而論則所關甚巨　總理衙門

頗以此事爲重因外間有中國將坎權利已經棄去之訛傳致令與別國交涉辦理殊多棘手中國欲去此訛傳故必出而辨論自印督發兵佔踞棍雜與那夏爾之後本大臣奉　總理衙門電信向英廷商論擬派中國官駐棍雜雖未經　貴爵部堂答允仍望英廷一再思維緣此事實在較妥中國若無員駐彼即不能與坎酋通信覲到期不貢一事是其明徵派員駐棍雜雖屬創舉但不可以此加權於舊耳相應照會　貴爵部堂請煩查照須至照會者

光緒十九年八月二十八日

與英外部願收受緬越甌脫之地並保護暹羅

爲照會事照得本大臣奉　總理衙門電信告知　貴爵部堂

中朝極願暹羅恆爲自主之國及完全之地今聞英廷俱有此意極爲欣喜英法擬如何保護

中朝深願幫助辦理至於湄江上段英法地之中間擬設一甌脫之地　貴爵部堂前言願將此地歸中國

大皇帝屬下茲本大臣告知　貴爵部堂儻能令該處地形寬闊無礙於中國利益議明送來

中朝亦甚願接受今查甌脫地之北邊與中國江洪毘

連江洪南邊之疆界向未分劃清晰無論何事如劃界等情

中朝自應與聞甌脫地之疆界援之於理應以南禹江（卽南㳂江）爲東方之界限較妥蓋南禹江在江洪之猛禹（一名猛㳂）府內者既全係中國之江卽出猛禹境後其西岸亦仍屬中國儻以南禹江爲甌脫地東邊界綫將甌脫地歸中國則江洪邊界之難處可免矣相應照會 貴爵部堂請煩查照須至照會者

光緒十九年十一月初九日

與英外部再催緬甸進貢

爲照會事照得緬王每屆十年派員進貢

中朝其期將及遵照中國向例自應先行知照等因一千八百八十六年七月二十四日緬甸條約第一條所載派員進貢之事如訂定一千八百九十二年者其初次英國進貢之員應於本年年內抵京今未悉所派之員何時起程何時可望到京請 貴爵部堂示悉以便

本大臣轉告本國

朝廷俾得預爲料理於邊界上接待該員並護送到京等事不勝欣感相應照會 貴爵部堂請煩查照須至

照會者·

光緒二十年正月十一日

與英外部暫緩緬甸進貢一年

爲照會事。照得本大臣接准　貴爵部堂本月二十一日來文內開現因緬甸進貢赴中國應過之地未定情形。擬將派員一節。今年應到北京者。展緩一年。俟兩國邊界劃定治理兩邊地方。比今更臻完備。然後再行舉辦等因。本大臣以派員起程路上或有未妥。今願自肩責任。答允展緩一年。但本大臣未奉

國家特諭。不能再允展至俟邊界土人安靜之期。漫無限制。現在所議條約。已奉

國家明諭畫押。本大臣更不能聽　貴爵部堂所勸。因

條約載有改變情形便可將十年派員之事停止舉行。所有未能從命之處本大臣殊爲悵悵。是以請　貴爵部堂預爲料理。務使派員之事。明年舉行。以遵一千八百八十六年七月二十四日緬甸條約第一款辦理。相應照會　貴爵部堂。請煩查照。須至照會者。

光緒二十年正月十一日

與英外部問照約定期收回新築大路

爲照會事照得本大臣接准　貴爵部堂前月二十二日來文內開印度政府俟八募至南坎經過華地捷路其權利全歸印度後卽可照本月初一日簽名條約第二款內自蠻秀至南坎之路永遠讓與中國並停止建築等因均經領悉今欲問何時可將條約照行以便修理赴南坎之捷路因本大臣將此情節於條約簽名後已告知　總理衙門也相應照會　貴爵部堂請煩查照須至照會者

光緒二十年正月二十八日

與英法義比外部告知　皇太后萬壽慶典

爲照會事照得本大臣接准　總理衙門電開光緒二十年十月初十日即西歷一千八百九十四年十一月初七日恭値

皇太后六旬萬壽普天同慶典禮攸崇擬請　貴部堂轉奏　貴國大君主大伯理璽天德本大臣不勝欣感之至相應照會　貴部堂請煩查照須至照會者

光緒二十年正月二十八日

與英法外部告知呈遞辭行 國書

爲照會事照得本大臣接准 總理衙門電開新任出使 貴國大臣龔將次抵洋所有本大臣辭行國書前曾陳明奉託 貴部堂轉遞茲特送上敬請貴部堂恭呈 貴國大君后大伯理璽天德曷勝感紉本大臣奉使以來屢承 貴國國家優待兼荷 貴大臣遇事和衷易於商辦現屆任滿敬陳謝悃須至照會者

光緒二十年二月二十日

出使公牘卷之九終

出使公牘卷之十

無錫薛福成叔耘

電報

光緒十六年六月十八日遞天津

中堂李密海部咨外部撤回羅哲士等昨勸外部暫緩如琅威理事能轉圜敷衍到滿限尤妙成嘯

八月初七日遞北京

總署密英欲駐員喀城意在與俄爭勝通商尚難定即詳細函陳請且堅勿允以函詢俄處爲辭成虞

八月二十四日遞武昌

督院張．四月電詢鐵廠用鐵柱瓦等價．諦廠謂須繪圖確估．今據稱貝色麻鋼及做鋼路廠鐵料價萬七千一百鎊．熟鐵鑪及拉條廠料價萬六千九百八十九鎊．候電再訂．鐵礦燐質多．難鍊鋼．另覓佳礦尤妥．成．敬．

十一月二十七日遞 北京 天津

總署．中堂．醇邸薨．擬照會外部．並下半旂十日．似應電知各使館一律．仍候示．成．沁．

十一月二十八日遞 北京 天津

總理衙門．中堂李．密．今年到洋鄂電較繁．而電價甚昂．因憶大北公司前議報效官電．後忽翻悔．又不肯完落地稅．各國電綫國家皆有應享權利並不准商人擅設大北大東來華設綫本無核准明文惟事閱廿年驟難驅撤聞東北兩公司出英俄暗中扶持自為有事時通電起見惟該商擅來設綫奪我自主之權若德法美倭各商援例效尤中國門戶洞開何所底止即如甲申年孤拔接法廷密電掩我不備遂有馬江之失愚見藉保護先在華效力之兩公司為名即杜外洋他綫之來俾報效官電以全體統節巨費凡遇要務可多發電以通中外消息且有事時不為我敵國通電關係尤鉅因飭馬格理與兩公司理論舌敝唇焦始無定議未敢瀆報茲彼已

就範・顧訂合同・約陳大旨・一大東大北兩公司素爲中國出力・今明認其在上海福州厦門辦理電報事務・其吳淞口川石山鼓浪嶼及吳淞口外之大戢山四處向有登岸之水綫頭・允其仍享所有利益・二自合同批准之日起以十五年爲期・准兩公司獨享利益・除中國電報局外・不准別國公司在中國海邊安設水綫・期滿後中國與兩公司・或照行原訂合同・或酌量修改・半年前互相知照・三允兩公司與中國電報局自行商訂各項章程・祗須無礙國家應有之權利・均可准其通行・四兩公司如未稟經中國核准・不得於向有海綫之外在中

國別處海邊安設海綫並擔保查看所發電報如有損礙中國之事均即停阻五中國六部海軍總理衙門各省將軍督撫欽差大臣海軍提督統領出使大臣領事官代辦使事之參贊所發官電及答覆此電之電報兩公司均不取貲惟經過別綫之費兩公司實在付出者中國允照數償還六兩公司應將中國電報所經別綫之價單隨時送中國官員察閱儻該綫有減價之處亦即照減七兩公司允將現在電價相機酌減俾商民廣用電報振興中國商務俟減定後所有與上海福州厦門往來之電價無論水綫旱綫一體遵照八無論中國

與何國動兵或似欲開戰之時中國國家可將該公司電報館看守或派員住局監察或徑自管理其寄電等事或全行禁止其寄電等事或佔據其電館暫用以寄中國電報均聽中國之便九訂立合同應繕成華文英文各兩分仍以華文合同爲憑如有應辦事件在中國由南北洋大臣行知兩公司在外洋由出使大臣行知兩公司以便遵辦以上九款雖經刪綫仍須出費可減原價三分之二歲省數萬金多事時或省十餘萬金且並無限制更可廣捷聲息惟須趁此機會速與訂定免彼再聽人言翻異可否代奏請

旨准訂合同。再由成具疏恭候批准。即可開辦。此係收回國家權利。與電報局無涉。且第三款已留電局餘地。請勿發議。以杜漏洩。亦慮兩公司漸生異意。至盛道去年所議合同。牽於數國。一國不允。即難照行。徒滋延誤。今英廷已批駁矣。此電爲電事而發。各公司例不取費。再英丹俄公使。若問此事。請告以中國自主之權。不願他人干預。回覆決絕。仍祈速示。成儉。

十二月十九日遞北京

總理衙門密陽電。謹悉。第二款不准別國公司在我海邊設水綫。北東兩公司函謂他國必生異議。此係北東爭論時情形。當大北初來設綫時。大東起而相爭。謂威妥瑪前在鈞署理論滇案。曾言明在中國設水陸電綫。雖允否未可知。威使擅稱鈞署允之。所以北東兩不相讓。今大東既設英巳無辭。趁此訂立合同。各國現無要挾之端。必無異議。蓋自主之權。非他人所能干預。美續約亦明言之。況借此杜他綫之來。乃永保自主之權。前電不欲英俄丹使與聞者。明與彼國家無涉。卽非各國所能問也。北東於第四五八等款。與我絕大權利。若第二款不行。則全款當廢。殊覺可惜。擬仍照原議商訂。第三款應改之語。當遵與北東商辦。前電各款。彼此推敲旣久大致已無甚出入擬俟議妥一面咨報一面具奏緣洋人性情知係奏案始無翻悔而核定之權仍在鈞署鄙意此事早定一日卽早收回權利關繫大局非淺也成效

光緒十七年正月初二日遞北京

總理衙門英允設香港領事新嘉坡總領事轄各島此次易商因宅喀城設員先示睦誼已咨明外部調左秉隆任香港黃遵憲任新嘉坡成現駐巴黎蕭

四月初二日遞北京

總理衙門密華使之說係外部見喀事難成自悔失其

把握疑我不顧交情託云港督謂華民不願顯示抵制尚恐翻南洋各島全局英廷偵俄之謀甚亟將以全力赴之再三理論始允左黃仍住港坡猶謂試辦一年再定實卜喀事也昨勸電止華使告以或暗許設員明認爲遊歷常住人員或俟俄約修定後再議尚無復音准照尙未發請電示左黃奉　旨日期以便請發文憑交犯俟設領事後另議章程曾侯前議實關大局不僅香港惜囘華中止應否重理前說諸俟電示成蕭

四月初九日遞北京

總理衙門密承示兩罷作收束細思喀事發端在先港

議在後。事屬兩起。則港罷喀不罷。權仍在彼。港議成於英。示睦誼事固有。與情爲相好。卻情轉生隙者。鈞署統籌全局。不欲徇英招嫌。亦不値代俄任怨。使臣在洋賴鈞署扶持方能辦事。港議倖成。而鈞署飭罷。則使臣前說爲誑。外部從此難以辦事。諒非鈞署所願。外部前文所允若果作罷。於彼亦無體面。昨執原議詰其不應將港喀兩事牽混。徵露港事無足重輕之意。理論數日。已電飭華使勿阻港事。此事華使忽生波折。費盡氣力以辦妥港員爲收束。儻彼仍提喀事。可以談笑磋磨。允否權在鈞署。若奉

旨後無准照請惟使臣是問一年之說外部言明實係常局但使年內華民無事決可接續此係爲港督前議轉圜昔新嘉坡亦由暫而常幸釋疑慮成佳

六月初三日遞北京

總理衙門密有電謹悉已詳告英法外部均無異辭辦理認眞不過如此惟思滋事地廣恐有會匪鼓煽愚民可憫會匪可誅自治之道拿匪不得不嚴亦卽杜彼族之口成肴

六月十四日遞北京

總理衙門庚電謹悉教案已誅四人辦法無以復加昨

告外部以華使苛求過急非以靖變正恐激變外部然之稱將電止華使云成寒

七月初二日遞天津

中堂李請轉總署密法外部以閩蜀等處又燬教堂大局可慮稱已約英德兩國調兵自護聽巴蘭德調度等語意在合力觀變似應飭各省格外嚴防杜彼藉口速結前案免彼勾串一氣成蕭

七月十七日遞天津

中堂李請轉總署坎巨提事詢外部據云克什米爾王築一礮臺近坎非侵坎鬧俄兵攜精槍礮游獵帕米爾

相機覓地請電飭喀什噶爾道留心邊界但派人問有無護照彼自知我境成篠

八月十三日遞天津

中堂李海部因添船趕練不暇旁收華徒琅威理宿嫌未釋教案迭出彼怪北洋不派船巡江為漠視馬現向外部轉圜候回音成江

八月十七日遞天津

中堂李請轉總署寒電分告英法慶常稟稱法外部云接滬領事電各口西人朝不保夕各使謂中國疲玩成習煌煌

上諭祇爲具文口舌難爭擬即絕交會商各國爲自全計又送節略謂中國如無嚴厲痛切辦法難再顧睦誼等語探各國有添兵船分據商埠之議俟再出案即下手英外部於登岸耀武持之甚堅且謂各埠暫安賴洋輪保護之力此權一失後患無窮可否再電飭各省悉力保護有教堂處暫募哨勇多派兵輪分巡要口查禁匿名揭帖前奉

上諭再飭徧貼聲名不准删節處分最遲延者一員力任保護之權隱寓自強之計祈酌定電示以便答復外部成篠

八月十八日遞天津

中堂李請轉總署告法外部懲犯劾官䘏償三事已辦到尚何求彼欲我力任保護告以保護本係中國責任彼謂如此自妥允電李梅和平商辦梅即到稍加聯絡可就範篠電所陳與其待彼催迫不如由我自辦兵輪無事現正合用派巡要埠顯示保護隱寓防制亦杜彼自護之說俟不再滋事洋輪漸退可與議善後章程成嘯

十一月十三日遞北京

總理衙門英報緬甸英兵進驅華兵對放空槍不早劃

界恐肇釁請電催滇帥速查復措注爲妥成元

十二月二十三日遞北京

總理衙門鹽電告外部據云須告知英兵實到何地方能發電滇帥指出地名惟邊界不分卽電緬督亦恐多爭執宜速定計成灤

十二月二十四日遞倫敦

使館張馬淸臣意欲趁此索問野人山地甚合鄙意望速照辦薛

十二月二十五日遞倫敦

使館張如能辦到野人山劃歸中國總署必甚合意後

有眉目當電總署請淸臣儘力辦之薛

光緒十八年正月初一日遞北京

總理衙門細思滇邊小地名查亦無益野人山舊案應歸中國作天然界劃去之則滇門甓卽力爭滇不分界難通商華使嘗試請堅拒梅生罰太輕卽查英律力爭成東

正月十一日遞北京

總理衙門梅生斷罪太輕雖以警後已照會外部請告華使以示一氣覲見事法外部云年例在邇擬聽巴蘭德等會商成彰

正月十九日遞北京

總理衙門·咸電詰外部·據云英兵修路·逼至緬臺·坎酋合那戛爾攔阻·英兵攻之·坎酋出奔·揚言借俄兵恢復·印督以坎酋弑父虐民·不能還·議立其子·尚未定·鈞署再向華使堅持·或辦到·成皓·

正月二十四日遞北京

總理衙門·養電遵詰外部·似疑我置帕米爾度外·乃先動手·告以在帕立界牌·修壞臺·派兵巡歷·彼欣然·稱立電印督·妥商回覆·又云我受坎貢甚微·無管轄權·實非屬國·合先聲明·復與力辨·彼始無言·成敬·

二月初五日遞北京

總理衙門。派員會辦一說。彼謂戊子年華使照會。早聲明坎事。當時並未駁囘。中國向不管坎事。今忽欲管。未免多走一步。旋聞印督囘電。願存坎而立其子。外部並不來告。及往詢。則云因有續議。難送囘音。大有并賴前議意。俟晤沙侯。再力爭。成徵。

二月十六日遞北京

總理衙門。英人狃越緬前樣。不願我預聞坎事。殊難以口舌爭。現始允我派員會立新酋。後不爲例。恐其翻改。不得不見風收帆。允以此次由彼請我派員。後來查照

向章辦理惟派員宜速免彼以不及久待爲詞須電喀道派員尤捷成銳

二月十七日遞北京

總理衙門巧電悉即照會外部定案告以華員未到以前不得說出所立人名後不爲例另有說已函達請暫緩辦免翻全局成皓

二月二十四日遞北京

總理衙門華使聽說請勿認所論此次派員會立其尋常繼位是否由喀派員應查向章派則仍派否則難援此次爲例若非常之舉必須會商中國貢金賞緞如舊

員未到不說明一節彼允電印督初議立子因坎酋挈家出奔乃言明遷其兄弟子姪難豫定人現與言立子更好餘函詳成敬

三月初十日遞北京

總理衙門屢爭滇邊事外部送劃界節略內有數端已先指駁並寄呈儻華使來議請答以俟緬處寄到再談以免兩歧成蒸

三月十四日遞雲南

督院王現與英爭論野人山地責令退兵外部覩之忽閱新報永昌騰越官出示責罰野人不應阻止英兵英

必藉此盡踞各地。進佔滇邊。儆處難再開口。請電飭速收前示查明出示之官。顯加處責。或稍補救。候電復。成願。

三月十五日遞北京

總理衙門。現爭野人山地責令退兵。彼已辭屈。忽閱新報。永昌騰越官出示嚴責野人不應阻止英兵。英必執爲進佔滇屬土司案據。儆處難再開口。請電飭速收前示。查明出示之官。顯加處責。或稍補救。成感。

三月十七日遞北京

總理衙門。坎事早定。靜候選定新酋信息。怕事值外部

放假俟兩旬後開議成篠

三月二十二日遞北京

總理衙門英接印電擬立坎酋弟摩韓美德拏星爲酋據云喀道亦函薦之請電飭員赴坎成養

四月二十一日遞北京

總理衙門會立坎酋事外部文詢派員官銜姓名請電示以便照復成馬

四月二十八日遞北京

總理衙門英廷已飭駐俄英使與俄外部商議帕事須各派員赴帕察看再告中國會議此事在我干係已輕

盡可俟從容商榷而著重尤在俄國滇界事如交僦處先議大略規模儻華使照會到署請答以已交僦處詳復外部且趕商數月希冀爭得數分稍固滇邊歐使到京此問恐難著力成僉

五月初六日遞北京

總理衙門漾江電敬悉帕事英俄先自妥商再定滇界事外部甫答文堅執不讓緬督半月後來英外部須約使署與印度部及緬督會議一次當露端倪成魚

五月十六日遞柏林

中國欽差許接總署電云帕地非界內是屬地詳載西

域圖志。四月致竹使函。繪圖錄說。可備辨論。希向竹使索觀。此局不定。後慮正多。德館歲稅事不速覆。巴使屢催詢。希電竹使商定。迅開。成轉電。

五月二十日遞北京

總理衙門。新疆巡撫派盛。令會立坎酋。微嫌官小。如速電派參遊等員。尚趕得及。或電准盛令暫照知府銜行事。亦可。候電示。再照會外部。成號

五月二十二日遞柏林

中國欽差許。總署電云。請轉電竹使轉疆撫。會立坎酋。茨已知派張鴻疇。不便改員。盛令官小。不足為國重。請

仍派張往隨帶二三十八不可再多英定閏六月會立宜速往馬格理之子在喀通華英語張可帶往本署今日與英使商定成轉電

五月二十三日遞北京

總理衙門阿富汗奪蘇滿卡外部謂我未先將欲守帕地之意告英致有此誤俟電查明自送回信惟我既勢成騎虎擬催令電飭阿酋速讓此卡再俟三國會商西事日多音信過遲似宜速展電綫由肅州至烏魯木齊成漾

五月二十五日遞柏林

中國欽差許總署電云漾電悉俄使來言俄因我不肯撤邊外卡將派兵進紮穆爾格阿布河據理力斥始允電告本國以阿兵佔地告之彼不甚在意三國不佔之說據云本國不以為然但允勘界現若促阿退兵慮俄進佔英又有詞此事只可以三國分地為歸宿試與英相機商之並轉竹使設法辦論一面電喀城告以俄兵如進不必驚慌不可生事俄固謂非來尋衅新疆電綫已撥款興辦成轉電

五月二十七日遞天津

中堂李請轉總署已告外部蘇卡交阿兵暫守勿讓俄

估各不估之說難辦到三國分地事較易商惟須延時日且著重在俄成訟

六月初一日遞江甯洋文

督院劉因梅生監期將滿出監之後不可令其逃逸是最要緊請飭上海道與担文相商速報英按察使梅生之罪一通會匪二違例雇八三偷運禁貨儻按察使不允審辦即請軍機處發諭此間正在與外部爭論此事洋文原電示英律師担文渠自能知如何辦理以上辦法尊意以爲然否請電示薛

六月初二日遞北京

總理衙門滇界事設法磋磨漸有轉機惟外部有換人之說又須閱月方能會議約計秋間當有端緒擬請豫電滇督派員先查野人山地現可不必祕密彼知我往查明白則於各土司犬牙相錯之地方不敢圖朦混戍冬

六月初三日遞柏林

中國欽差許阿部佔帕地請速告俄人俾出理論以資牽制成江

六月初五日遞天津

中堂李請轉總署冬電詰外部已電阿酋清理據云兩

旬方到令擬商外部飭阿賠禮並償卹布回雖難盡如

志必如此方得體且可早釋布回候電示並請電疆撫

查布回受虧情形成歌

六月初七日遞北京

總理衙門外部來信印督定閏月廿三日會立坎酋由

喀至坎須兩旬因陶撫有改派周折未知趕得及否成

虞

六月十二日遞北京

總理衙門賠禮償卹已告外部彼云俟飭阿戢兵釋放

回戶再議越南身稅事擬再辦文催法外部請尊署亦

催問李梅彼於鐵路等事無謂不尋無理取鬧今我按約應論之事豈可聽其推宕梅生罪名英聽律師之言堅不就範擬再辨文與爭一面電南洋設法勿令釋放以上二事雖難收速效亦可掣其他事之勢會立坎酋禮節外部云英使居中我使與克什米爾使在左右昨與力爭彼允我使英使爲一班左右各使克使居後議定後擬由此間函告喀道尙趕得及成文

六月十五日遞江甯

督院劉梅生事外部來文謂尊處已愜意不允加罪釋放則近爭辯俱窮仍留中國爲患可慮英例已定之罪

難再議前電三罪係在原控之外或一二罪亦可外部已露允辦意謂難照辦恐係洋人相護之習若明言出鄙意徒授洋人口實且難辦到請以尊意電飭滬道招狀師報英按察使上控英廷此間方可再爭否則請示難辦緣由以便電覆總署由此罷論成

六月十八日遞江甯

督院劉電悉招律師上控權在我祈速辦成勿告領事免掣肘成

六月二十四日遞江甯

督院劉英領事電外部云律師已告華官謂控梅生證

據不足可見彼聯一氣亦畏我再控如担文不遵可由道臺照會領事以偷運禁物違例雇人請其報英廷審訊勿再提火藥案外部雖允驅逐梅生然難以儆後現擬辦文再爭無論效否暗中有益成

六月二十八日遞北京

總理衙門俄廷密告英使派兵巡怕無據地意秋初即歸但冀忧華兵全退亦不尋釁梅生將釋外部謂原控炸藥罪止此我前受律師騙控輕罪今又在滬阻再控請電南洋飭滬道以偷運洋鎗等罪照會領事即可再爭成儉

閏六月初二日遞北京

總理衙門·滇事照會外部·據云沙侯去留未定·難速答·約計兩旬後外部事定·當可開談·會立坎酋已展緩一月成冬·

閏六月初四日遞北京

總理衙門·二月間咨呈滇邊事·所查文中薩洞納地及鄂刻一統圖古勇土司地·請滇督電騰越官查三地向歸中國最近實據·電復半月內盼回音·儻到會議此事·得實證則全局皆振·否則恐失勢成支·

閏六月初八日遞喀什噶爾

道台李會立坎酉已展緩至西九月二十五即中七月十五盛張二員已過喀否有一訂明禮節要函託英外部徑寄棍雜城薛倫敦

閏六月十二日遞北京

總理衙門英接阿富汗酋回信據云不知前事即飭阿員查釋布回梅生已逐出華境昨發照會與外部綜論前事完案成文

閏六月十五日遞柏林

中國欽差許俄兵分三隊入帕聞在蘇滿與阿兵爭鬪其靠東一隊似已軼入華境尊處所聞如何請示成威

閏六月十五日遞北京

總理衙門。咨騰接滇電。騰越西北土司報英兵遊歷外。報者有昔董土目否。亦可作屬我之證。請電滇督查示。成咸。

閏六月二十七日遞北京

總理衙門。今日外部新舊交替。領事調兵船事。外部深爲詫異。允立電華使查覆。請先以違約擅動詰責華使。俟外部接覆音。再與理論。成泌。

七月初五日遞北京

總理衙門。華使覆外部電。多支飾。其分別在兵船多少。

兩船則近挾制．一船則資乘坐．所以須得領事函件爲證．則華使他語皆虛．竊意船若入湖．可以爭令必撤．今空詞易狡賴．恐難如志．然此等事須與切實理論．亦可儆後．外部謂撤領事事．俟華使覆文核辦．恐華使必有捏飾．據電稱領事僅擬帶兵船一號．而鄂電云二號．請電鄂．檢該領事函件．寄來作證尤妙．成徵．

七月十三日遞北京

總理衙門．現爭昔董事甚急．外部疑非出鈞署意．請面催華使速催英兵退出昔董．以示內外合志．成覃．

七月十八日遞北京

總理衙門滇事會議兩次告以昔董撤兵中國自能保護商旅請再乘機嚴催華使可裨全局又華使電外部云撤領事似非出署意日前有此一著華使隱爲奪氣今雖不催速撤請告華使前因領事謊稱英廷令調兵船所以電使署商撤否則外部見疑恐妨他事成號

七月二十八日遞北京

總理衙門屢催昔董撤兵外部忽造停商之說冀聳聽聞足見氣餒擬請堅持似即就範昔董退則滇西土司皆安界務迎刃而解請告華使以地即非中屬徼處所爭別有道理英不能不認而況早經收撫成儉

同日遞北京

總理衙門、昔董亦野人山地、英去昔董、必退至大金沙江以西、方可劃江為界、以保固諸土司、乙酉舊議、英雖滅緬、而野人山地數千里、本非緬屬、勘界時須兩國均分、夏間向沙候申此議、沙云頗有道理、今爭劃江為界、英自無詞、因江以西野人山地、尚贏兩倍也、成儉

八月初五日遞北京

總理衙門、請電滇督急查電示、昔緬甸在大金沙江東岸轄地、逾八募以北、尚有多少里、至何地為止、華文地名及土人譯音、並須詳示、再緬盛時於何年管過昔董

否。成。微。

八月二十一日遞北京

總理衙門圖說盼切。昔董駐英兵。各土司終不安。英廷謀議已轉。若不索昔董。更可速了。但關係全局。敢不慎重。成。馬。

八月二十七日遞北京

總理衙門滇帥電俱悉。聞穆雷江左右。從前蠻人設卡以拒緬甸。須查此卡所在地名。詳示華名及土音。並距八募若干里。可作實證。請電騰越官向滇商查詢。必得梗概。雖回電稍遲。目下英漸轉圜。能備而不用。尤妙。成沉。

九月初六日遞北京

總理衙門外部於滇事口氣早鬆。卻以英廷審量爲辭。未答實信。或慮其密屬歐格訥到鈞署試探消息。再作翻騰。歐使擕去滇緬圖說甚多。轉瞬到京。儻求嘗試。恐中外持論稍歧。授以罅隙。擬請鈞署但催昔董撤兵。且告以諸事交敝處在英商辦。無須置議。彼計難施。當有結束。法外部屬李梅商辦數事。滇殺教士如果確實。自宜迅速查辦。所云華匪越界近於無理取鬧。似應嚴斥問答節略即寄。成。魚。

九月十五日遞北京

總理衙門英之印度部及邊吏一意佔地貪多無饜昔董駐兵勢必誘脇土司窺伺滇境外部倘知大體顧公法惟總疑催昔董撤兵及索劃野人山地非鈞署本意密屬歐使到署磋磨冀可俯順邊吏之意或圖另索利益此策不行方肯與敝處了結乞賜始終主持告歐以前兩端實國家之意但已責成敝處商辦無須多論滇事可速就範成感

九月二十二日遞天津

中堂李滇界事將就範惟歐格納過津或進異說冀相

牽掣請勿理成養

九月二十七日遞北京

總理衙門頃赴外部催滇事確知專待歐格訥電信始肯回答歐磋磨之法或借別項難事繞到滇事請答以事須各辦勿容牽混外部又論湖南揭帖告以必切實嚴防互全睦誼成沁

十一月初八日遞上海

道台聶請轉滇督王外部鈔送張鎮鄒守等二月十三會銜告示嚴拒野人為昔董不退兵之證致諸事難爭可否暫撤張鎮或記過以明告示非國家意俾資辨論

成齊

十一月十九日遞天津

中堂李儉電諒蒙鑒核請轉總署滇緬員界悉照滇圖界綫議定無甚出入今所爭論惟揮人野人山地曁昔董退兵事已彼此稍讓成皓

十一月二十六日遞北京

總理衙門滇事議到八分外部微允野人山作甌脫印督不遵忽派兵赴息馬攻野人以逼滇邊請鈞署向歐使詰責何以昔董未退兵又紮營息馬外部隱顧我嚴詰可轉詰印督此事了則全局定成宥

十二月初四日遞北京

總理衙門印度部蠻橫又停商界務據云俟征服野人再議旣以護商爲名擾我息馬現又派兵赴近盞西之開社請告歐使彼停商非理不俟兩國説妥擅派兵更非理若不速退我亦須派兵赴我應分之地保護華商外部已示意我愈嚴詰彼可爲力滇局安危所繫祈鼎力主持再彼稱中國向不重邊務又狃春間騰越鎮廳告示恐漸肆侵占請電滇帥籌整邊防多偵確信電達鈞署謹候電示成支

十二月初五日遞北京

總理衙門、爭野人山地、非期得地、期立妥約、保滇疆、外部願速了、印度部有窺滇意、以數十年前事、揣測鈞署及滇帥、昌言無忌、鈞署滇帥示以力爭不讓、彼自奪氣、外部可用力、必速了、了此則竹使議帕事亦有勁、少阻礙、成徵、

十二月初十日遞北京

總理衙門、印督恃强嘗試、恐漸窺滇、事機緊要、已赴外部爭論、告以中國衆議、亦須派兵赴野人山地、保護華商、以符公法、外部允與印度部妥商、如歐使來探、請免答辭兩歧、成蒸

十二月十三日遞北京

總理衙門齊電甫到野人地息馬亦非緬界請駁之否則彼據爲默許之證外部固與印度部一氣仍覗鈞意鬆緊爲進退祈鼎力堅持屢請英速退兵議定界務再治野人彼答妥商似候歐使密電者蒸電所言英廷頗顧慮亦請徵諷歐使成元

十二月二十三日遞北京

總理衙門齊電催外部允訂期商議惟英廷稱鈞署意和平使館認眞過分請再催歐使電印督撤兵以示辦法一律成議

光緒十九年正月初九日遞北京

總理衙門．有魚電悉．仍請堅持．騰越八關．除漢龍淪於緬外．黃楙材日記謂天馬亦淪緬．滇圖尚在綫內．又滇圖銅壁在紅蚌河內．洋圖在河西．英廷方爭紅蚌河爲界．謂華使曾向鈞署說過．然恐失去銅壁．請電滇帥．再將二關實址．電查速示．成佳．

正月二十九日遞北京

總理衙門．昨英廷允自金沙江東．至中國老界．作爲兩國甌脫．又在潞江左右．稍讓我地．我既體面．亦可風示俄法．次日印度部忽將讓地事翻悔．外部願調停．依原

說現正候信請告歐使國家總盼金江以東盡爲華界必有益成宥

正月二十九日遞北京

總理衙門印督有覔滇意必欲全得野人山故翻甌脫之議成夘其叵測磋磨半年彼尚枝梧請告歐使廷意必欲以金沙江爲界則此間可辦到甌脫議院方責英廷不應徇印督意與中國齟齬擬請申派兵護商之說辭雖嚴必無礙合能在甸內一失此機恐又拖延成齾

三月十二日遞北京

總理衙門密外部允潞江左右各讓一地滇西老界連

野人山者悉展出十六里作我外障惟昔董大寨未在內姑向索之據云電商印督卽有回電鄙意得昔董固妙不得亦擬了結以杜變端惟彼有願商鈞署之言恐其復悔前說希圖翻去萬一歐使來嘗試想鈞署自有權衡成文

三月二十五日遞天津

中堂李請轉總署密滇事磋磨已久彼堅不認曾侯前議又謂新設威邊廳係卡瓦舊地與車里孟連兩土司向均入貢於緬索爲兩屬緬官又以照約入貢爲恥隱圖狡賴外部被印度部牽制動輒停商殊覺計窮力竭

惟印度覬逼滇疆意甚叵測此次分界若不稍展拓無以折彼隱謀兼啟他國窺伺賴鼎力始終扶助俾金沙江爲界之議彼有所憚漸就範圍頃外部來文據與印督商定孟定橄欖坡西南邊外讓我一地曰科干拯潞江左岸凡七百五十英方里又自猛卯土司邊外作直綫抵潞江麻栗壩之對岸止悉劃歸中國約八百英方里又久淪於緬之漢龍關勘界時可歸中國至展出野人山十六里一層因山河形勢未能畫一印督又稱昔董野人最悍失此則彼不能彈壓堅不肯舍現議以野人山地之息馬及其迤北迤南歸中國約三百八十英

方里彼此較易分守又允我收回車里孟連威邊全權自後與英無涉又允飭緬員明年呈進方物查展地皆係靠邊較易控轄其餘分界可悉照滇圖界綫似此收場雖稍變換曾侯前議尙足與三端相絜明知荒地無益必稍有所展一杜各國輕視二窒印度狡謀三護滇邊土司四免彼勘界時侵境正定議間歐使謬稱威邊地實兩屬寄到證據外部又來文索取惟據密稱成議在先若速了結以便兩國派員歐說仍可罷論彼族異常黠譎刻思乘機翻悔歐使又嘀中甚撓事機呼吸應否摘要先呈

御覽。電示機宜。迅與定局。杜彼狡變。一面由鈞署奏陳。敝處亦具摺詳奏。並與外部商訂條約。通商章程。擬草後當再電再奏。約三四箇月可了事。前論分界。索彼已得之地。故難。今議通商。欲以可獲之利。故易。八募開埠係商務中事。隨後再議。惟新任請簡。逾期到洋。必在滇事全了後。懇速定。再由古勇經高隴瓦城至昔董大寨。其間尚有何地。及靠邊地名。各地相距里數。請電滇帥查示。成宥。

三月二十七日遞北京

總理衙門。英廷允還漢龍關。惟華名土音歧異。地難指出實據云若在猛卯土司東南必還否則難定查漢龍關土名宛定金養近猛卯城隔瑞麗江請電滇帥電騰越廳派員同猛卯土司查勘確實電示先與外部證明免勘界時受彼朦混成讞

四月初七日遞天津

中堂李請轉總署條款大概不出前意惟須互爭字句或與商務並訂非三四閱月不辦約既定事即了矣新任簡放後非大半年不到孱軀難於事了後再待半年乞賜體卹簡新任與訂約本二事若合併爲一恐心緒忙迫轉致貽誤私志不以難事遺後任現與外部說明

不因放後任而變卦。惟歐使來探。宜渾示不滿意耳。成虞。

四月二十一日遞北京

總理衙門。滇帥前電稱天馬關被野人占踞。今外部稱此關早歸緬屬木邦土司管轄。請電滇帥查詢。若僅屬野人。尚可爭回。果入木邦。勢必歸英。如另有可爭之鐵據。亦請電示。成箇。

六月十七日遞天津

中堂李。寓暹華商稟求兵船保護。英德等國皆添船護商。華民在暹尤眾。請派兵船赴暹海口。隨同英德等船

進止最妥可慰輿情尊國體若須入口中暹向無條約可告駐英暹使電知該國隨後再議成條

六月二十二日遞北京

總理衙門法脅暹羅割瀾滄江東岸地與滇接壤外部屢催分界應電滇督勘查非可猝議外部告徹處願不稍侵滇屬土司彼因暹事未了措詞和順宜仿英廷辦法由使臣請外部依言寫立憑據如此雖一兩年後議界無妨若暹事大定彼必漸生覬覦或致棘手立據一節擬請先告李梅再由徹處試辦萬一未能辦到應早由署與李梅妥議以弭後患成養

六月二十六日遞北京

總理衙門暹已割地議和查車里有四城在湄江西八城在湄江東法所覬者東八城也法印地圖將東八城繪入法界敝處詰之外部自認錯誤英以車里歸我明知狡計然會典一統圖及滇督來圖皆隸滇境斷難一旦棄之法人現詢英廷英願助我作證現商所以答法人者俟中英條約刊出更多一重公案矣暹尙自主土司貢暹與法無涉請將與李梅所論詳告仰邀星使以便內外接洽成宥

同日遞北京

總理衙門。車里屏蔽滇南。關繫形勝。李梅朦混駁之甚當。似應明告李梅。俟滇督詳覆再與妥議。詳圖購寄。成宥。

六月二十七日遞北京

總理衙門。細思李梅意甚狡。外部立據不過聲明車里所屬十二城在法國權利之外。雖難辦到。請姑試之。順則旬日必成。日後免大爭論。不成則知法謀不善。可由署速與李梅議界。今但請告李梅。已電使臣與外部先商大概規模。便可著手。成沁。

六月三十日遞上海

道台聶請轉滇督王界務將竣惟印督繪圖虎踞關在南碗河東冀壓我地儘力與爭外部謂指明實址即可更正請電派騰越一員督同該關撫夷親履虎踞關查明四至近地里數並土音名目即攜電報新編赴八募速電儆處並報明住址如再不信可由外部電八募英員隨我員赴該關一觀成

七月初五日遞北京

總理衙門中國稱車里爲十三猛洋稱十二扳納即十二城也然屢次遷徙要地已多更改法刻地圖將車里及普洱邊地劃入法界前詰外部據認不足爲憑問答

節略已寄照會提否請酌成徵

七月初十日遞巴黎

中國使館慶接總署電近已照會法使云中越兩界孟賓爲止其西係雲南土司所屬十三猛地方若由孟賓沿暹羅而抵湄江須向南轉西繞過車里邊界並非一直向西來圖不符俟滇督查覆再商應先聲明法國欲由孟賓通至湄江自無不可惟車里土司所屬界內不許法國侵及亦不得稍損中國權利法暹界務中國亦不與聞庶免辯論而昭睦誼請電達外部候覆等語希將此意再照會外部卽請照擬洋漢文稾待發薛

七月十一日遞上海

道台聶轉滇督仍請電騰員速赴八募以虎踞關址告英員已請英廷電八募官接應不如此則爭不明白成

七月十八日遞上海

道台聶轉滇督查虎踞關在邦杭山天馬關在邦欠山如兩關久圮請查明邦杭邦欠山實址亦好邦杭離漢董尤近請查相距里數成

七月二十五日遞北京

總理衙門磋磨數月界務已竣又索得英前駐兵擾邊之漢董商務已論明大意現擬約款並先疏報大概情

形成有。

七月二十七日遞上海

道台聶轉滇督已告外部。候滇員赴八募。虎踞東至南碗河。西至孟威。西南至盆干天馬。東至南蓋各若干里。查出尤妙。成。

九月初十日遞上海

道台聶轉滇督。騰員尚未到八募。悵甚。英廷接八募電稱滇官飭南莫江外緬屬之毛務土司勿完英官賦稅。又因華官將到。飭緬屬盆干土司辦差。憤甚。幾至決裂。蓋虎踞天馬。英早據之。今既查出。彼始悔前誤。許還我每欲借端尋隙·請飭邊吏切勿生事·以便索還兩關·若毛秀盈干有屬我鐵據·亦請電示·成急欲定約赴法·并交卸專候二關消息·若不妥協·祇可於約內聲明二關俟勘界時再定耳·成·

九月二十二日遞上海

道台聶轉夔帥·委員久不到八募·恐墮敵計·請電催督十月十二莅八募·台端如發電由騰送八募冊·好更聯交誼·成·

九月二十四日遞八募

中國委員與英員格外聯絡·望詳示虎踞天馬關情形·

能探明漢龍關實址更妙薛

九月二十七日遞北京

總理衙門法外部告敝處願保全暹羅自主之權湄江東岸暹兵退淨條約照行法必退兵然後再議保護據又云現與英議車里南界外局外之地俟議妥讓歸中國管屬英廷送節略亦願歸中國查此係難得機會英法暹皆不能管惟中國受之可息爭端有利無弊車里格外穩固西南兩面以湄江爲界勘界時更省事中國聲望亦愈隆矣不受則反多後患聲望更損英人又稱得我隱助事有轉機願與中法同約保護暹羅此亦不

費之惠成沁

十月初八日遞北京

總理衙門商界約稾可定因虎踞天馬兩關滇中不知其址難以懸寫英電邊吏會滇員往勘兩旬後得報可定英擬保暹約稾由歐使送署如何商核請示大意辭行國書祈查電核發成齊

十月二十八日遞北京

總理衙門英外部稱湄江東岸甌脫最要緊者東面須以南瓦江郎大宣河爲界方與法人界畫分明車里等處自然穩固即勘界亦甚省事請與法使言之成宥

十月二十九日遞新嘉坡

中國領事黃。洋藥新章速遵辦。圖補救。巴西招工數百人。迹近拐販。望嚴查截禁。薛

同日遞北京

總理衙門。條約將定。先陳大意。除分界妥照前議外。一英人本謀由野人山通西藏。惟怒夷以北人迹難到。無從查勘。恐受彼朦混誤分藏地。關係非輕。現與爭二十五度半以北。暫緩劃分。一八關內之虎踞鐵壁二關。今始知亦早被英人占踞。賴有成議在先。彼難遽翻。俟英員偕滇員勘確。即有來電。當可劃還。一彼堅不認曾

前議而大金沙江行船補益全局磋磨半年已漸答允一八募設中國租界及稅關尤關重要力與爭論據云可商一英人恥居法後援天津法越條約謂法添龍州蒙自蠻耗領事三處亦欲設雲南普洱順甯三領事爭論久之現議我在仰光彼在永昌互設一領事英人意尚未愜也一法越條約陸路通商進口稅比海口減十分之三出口稅減十分之四現因英人欲與法一律方設法翻騰與議正子稅並交每貨值百兩交稅七兩五錢任入內地無稅如此則稅數不減海口若英必不允祗可仍照越約一現議華貨運緬英關概不收稅似於

華商有益以上皆係大端如臨時小有變動亦擬通融了結其餘照舊約通行之式彼此無甚出入俟定全約即電陳成豔

十一月初三日遞北京

總理衙門前向英索還久淪於緬之漢龍天馬兩關英既允許其餘六關閱滇圖皆在滇邊英人亦無疑義今英員滇員會勘虎踞關址在極西已屬緬百餘年深入敵境四五十里英人屢加工程勢難索回又不值因一處而礙全局天馬關內亦有英兵修路一條現將定約應否留出一款聲明此段俟滇督與英員細勘劃分抑

或兩邊相讓擬定界址一了百了以省後來轇轕請電詢滇帥示復成江

十一月二十五日遞森彼得堡

中國欽差許署電述尊電英允讓俄小帕米爾頃詰外部據稱俄使送節略內云俄不越小帕山嶺並無小帕歸俄之説且英祇能自顧界限界外即非所問小帕既在中國界綫當自向俄爭論非英所能代爭添兵畫守東南一節亦與節略相背等語鄙意俄入假託嘗試固在意中似當辯證明白勿受朦混爲要成有

十一月二十六日遞北京

總理衙門小帕事詰外部據云本非英地英自不能管非讓與俄中國可自爭勿受朦混添兵畫守亦無此說等語巳電許成宥

十一月二十七日遞森彼得堡

中國欽差許節略云俄人蹤跡至小帕嶺北爲止想係渾淪言之因非英地英亦不復深求但絕無讓地一說成沁

十二月初十日遞柏林

中國欽差許巳遣淸臣與英外部商小帕之地外部似願意另函達成蒸

十二月十三日遞天津

中堂李請轉總署滇緬約已竣即電呈英俄劃帕界小帕米爾已歸英綫昨商英廷可將小帕劃與中國據云俄不能阻如得小帕中國面子已好祇須與俄商定西界帕事較易了惟英俄約將定稍遲便難商速商則旬內可定應否與議請呈　御覽候　旨定奪成元

十二月十六日遞柏林

中國欽差許總署電云元電悉英願劃小帕與中國實爲兩益趁此機會如能將南界議定則西界專與俄商較易措手應即與妥商並將辦理情形告許遵　旨

電達云·成銳·

十二月十六日遞天津

中堂李·請轉總署·英劃小帕·西界瓦罕·南界大山·大約無甚可議·惟我如失阿克塔什·塔克敦巴什·則小帕爲俄所隔·須力爭此二地·則西南界皆定矣·寒電詰外部·據云不在我境·印督爲不讓虎踞關作勢·今既了結·當可相安·成銳·

光緒二十年正月初六日遞天津

中堂李·請轉總署·滇緬商約·以碰磨八募設關·大金沙江行船二事·稽延半年·均已就範·正將電呈·印督忽復

翻異·所索過奢·有萬不能允之事·印督跋扈·外部無權·事之難辦在此·祇可删去八募設關·以杜狡謀·並限制其領事·及商路·滇境亦不開埠·但設邊關·茲將商界廿條·撮要電呈·惟地名煩碎·祇約舉大勢·一兩國界綫自北緯廿五度三十五分·北京西經十八度十七分·岡尼格山起·隨山脊西南·過薩伯坪峰·溯南太白江·以昔馬歸中國·又溯穆雷江東南·溯既陽江·順南奔江·即紅蚌河·入太平江·二溯庫弄河南·經洗帕河·以鐵壁關漢董歸中國·循山脊至南碗河·向西南·轉東南·溯南莧河西支·以蠻秀天馬關歸中國·東溯瑞麗江至孟卯·又天馬

關北有大路。除華民行走外。可借與英人行走。亦許修路護商。惟英兵過路。不得逾二百名。廿名以上。須行文知照。三自孟卯向東南約劃一直綫至麻栗壩過潞江。以科干地歸中國。由折向東南至瀾滄江。四北緯廿五度三十五分之北。俟將來査明情形再定界綫。五英國允將車里孟連兼屬緬甸之權。均歸中國。惟訂明中國必不將車里孟連一小地讓與別國。六勘界官限定換約後一年內相會。三年內一律勘定。七劃界後八箇月內兩國各將越界兵寨退出。兩國駐界之兵各擔保界內野人安靜無事。兩國皆不在邊界三十里內建修新舊礮臺。八英國於華貨入緬。緬貨入滇。除鹽米外。六年內概不收稅。九凡出入滇緬邊界之貨。祇准由蠻允盞西兩路行走。暫照陸路章程減稅之數。俟貿易興旺。或當酌量添設邊關。十各種鎗礮軍械軍火。非經國家准購。應禁販運出入。十一緬鹽不准入滇。銅錢五穀不准運出中國。兩國洋藥土藥。不准由邊界販運買賣。犯者貨即入官。十二中國運貨運礦產各船。任意在大金沙江往來行走。與英國船一律。十三中國在仰光設領事一員。英國在蠻允設領事一員。俟商務興旺。兩國再商添設。十四兩國商民赴緬赴滇。可請蠻允仰光領事給發護照。十五兩國如有逃犯一經行文。卽應設法拏獲互交。十六察看情形。俟可以通電時將兩國電綫接連。十七兩國人民凡有權利。均與相待最優之國一律。十八此約係中緬陸路應辦之事。互相允讓而立。如有索問此權利者。亦必有同樣允讓方可。十九商務章程試辦六年。續議修改。二十此約畫押後六箇月內在倫敦互換。立卽開辦。以上界務則西南兩面均有展拓收回車里孟連兩土司全權。鐵壁天馬等關。昔馬漢董等要地。商務惟大金沙江行船。係我所得格外權利。其餘多仿約章通例。而我獲益稍多。雖八募設關。爲印督所阻。

亦已將給彼權利稍稍撤去惟各條互相牽抵稍有更動恐掣全局印督嫌外部讓地較多至今耿耿又慮未能在滇多設領事力圖宕緩此約則界址未定門戶洞開彼可相機占進改訂條約可否進呈請

旨俾速與外部畫押以杜變端既將滇事結束方可開談小帕前雖據滿口應允似無枝節然彼族善於翻悔總以速定爲宜鵠候電示 成虞

正月二十六日遞天津

中堂李請轉總署條約已畫押小帕商之外部願讓與

中國據云前告俄廷尚無回音彼雖不能阻總須得覆

方可互立約據竊思中俄界未定俄未必答英求之過急又恐啟英索報之意擬初四赴巴黎摒擋交代事務請俟龔使到後俾督同馬格理商辦必可妥協成宥

二月十二日遞天津

中堂李請轉總署法外部索熱河教堂賠款仍多曉辯已堅拒而詳曉之恐法使到京尚須饒舌成文

二月三十日遞北京

總理衙門英外部接印督電稱現方等候劃界滇邊華官不認向來界綫請我飭邊吏暫照常辦理俟行條約後再更動可免生事成卅

三月十四日遞北京

總理衙門英廷執辛丑年爲貢期屢爭始改訂今年旋自悔太早定滇約時不肯畫押要挾頗多姑允暫緩以免決裂彼懇代達鈞署答以無益彼云請而不允無悔是此事權本在我丙戌條約彼知難翻其覆文本不爲憑故作攙擾非其實意不足與辯惟滇約未換催之過急恐生他變最妙莫如由署允再展一年告以丙申年辦貢斷難再緩實尙早於原說五年此以鬆爲緊之法彼更無辭新任並不爲難成寒

六月初一日遞天津由上海發

中堂廿八抵滬大爲紅海炎熱閩洋颶風所苦困頓殊甚休養旬日擬依原奏暫回無錫須緬界約互換期在七月約本已否寄英念甚請轉總署成劍

六月十七日遞天津由上海發

中堂日內卽擬回錫趕九月二十前到京不誤覆命及慶典成篠

出使公牘卷之十終

往者無錫薛公奉使歐洲嘗手裒公牘文字命美翊爲之編校總凡十卷甲午之夏使旋東渡舟中無事乃爲寫定篇目當時惟書牘電報兩門因風浪大作未及選錄逮抵上海公積勞得疾薨於行臺事遂中輟越三年丁酉三月爲公六十生日重至無錫拜公遺像於堂公子慈明以公牘原稾見囑爲留數日別錄書牘電報俾竟其事付諸手民又明年七月工竣乃偕書其後曰昔孔子稱使於四方不辱君命而推本於行已有恥春秋戰國之際羣雄競霸聘問往來尤尙爲命盖結好弭釁端賴使者之一言苟處事一不當則辱亦隨之若是乎專對

之重且要也方今中外互市時事日亟奉使絕國與古大異自光緒初元以來使者首稱湘鄉曾惠敏公而公實繼之公威重宏毅學問識量異於人人至其憂國如家深謀遠慮凡關繫交涉之事與彼國長官相見或應機立斷意在必行或往復辨難務衷至當退則考覽圖籍稽核舊約成案每論一事申之以公牘加之以書函載以忠誠而達以文辭故當軸諸公輒從其請卽外人亦敬而服之是編所載如滇緬交界南洋領事諸案其所籌議皆有裨大局觀其辭命問答委折美備殆子產叔向之亞若蘇張之流何足以云也美胡從公者久知

之頗深追論遺事，未敢多讓，曰：公薨後，東事益棘，朝廷咨嗟太息，深惜中道告逝，未盡其用，而憂時念亂之君子，羣居私論，且謂使公而在，當不至此。蓋其勳業聲名，旣歿而逾彰，獨美翊志衰氣盡，學不加進，媿負知己。時用內疚，秋風海上，極目無際，回憶當日印度舟中，侍公左右，上下議論，猶忽忽若前日事，因黯然流涕而書之。

光緒戊戌秋七月門下士鄞縣張美翊謹跋於天津舟次

清末民初文獻叢刊

出使公牘

（上册）

〔清〕薛福成　撰

朝華出版社
BLOSSOM PRESS

圖書在版編目（CIP）數據

出使公牘 : 全2册 / (清) 薛福成撰. -- 北京 : 朝華出版社, 2019.1

（清末民初文獻叢刊）

ISBN 978-7-5054-4346-4

Ⅰ. ①出… Ⅱ. ①薛… Ⅲ. ①中國歷史－近代史－史料 Ⅳ. ①K250.6

中國版本圖書館CIP數據核字(2018)第238660號

出使公牘（全二册）

作　　者　[清]薛福成

選題策劃　楊麗麗　尚論聰
責任編輯　趙　倩
特約編輯　孫　開　秦錦霞
責任印制　張文東　陸競贏
封面設計　劉敬偉

出版發行　朝華出版社
社　　址　北京市西城區百萬莊大街24號　**郵政編碼**　100037
訂購電話　（010）68996618　68996050
傳　　真　（010）88415258（發行部）
聯系版權　j-yn@163.com
網　　址　http://zhcb.cipg.org.cn
印　　刷　藝堂印刷（天津）有限公司
經　　銷　全國新華書店
開　　本　880mm×1230mm　1/32　**字　　數**　170千字
印　　張　25.25
版　　次　2019年1月第1版　2019年1月第1次印刷
裝　　別　精
書　　號　ISBN 978-7-5054-4346-4
定　　價　189.00元（全二册）

出版前言

中國自一八四〇年鴉片戰争以來，傳統的農業文明在西方的堅船利炮轟擊之下徹底被顛覆，有擔當的知識分子苦苦追尋，思索社會改革的途徑。從最初的『師夷長技以制夷』到『民主制度，天下之公理』（梁啓超語），他們發現要『强國富民』，首先要『開啓民智』，祇有民衆擁有了獨立思想和批判精神，國家纔能實現真正的强大。在此後一百年的時間裏（一八四〇—一九四九），思想者們從社會變革深入到國民性的改造，用每一部作品見證着中國近代化的遞變歷程。這是一個極其重要的時代，《清末民初文獻叢刊》正是收録了這一時期的作品，大部分書籍都是早期版本，有着極高的文獻研究價值。

清末的中國經歷了『三千年來未有之大變局』（李鴻章語），大清王朝面對西方列强的艦炮，表現得驚慌失措。尤其是鴉片戰争，使『天朝帝國萬世長存的迷信受到了致命的打擊，野蠻的、閉關自守的、與文明世界隔絶的狀態被打破了』（《馬克思恩格斯選集》）。一批士大夫知識分子，尤其是在歐美諸國擔任使臣或者游歷的知識分子最先覺醒，着眼于對西方國家的考察，進而反省本國政治制度的劣勢，可以視作『啓蒙』的端倪。如曾擔任駐英公使（兼任駐法公使）的郭嵩燾在《使西紀程》中以日記的形式記録了自己對歐西諸國的觀感，他在考察了英國的政治制度之後，發現英國政府官員收入超過三百磅者與普通老百姓一樣同等納税，他說：『此法誠善，然非民主之國，則勢有所不行。西洋所以享國長久，君民兼主國政故也。』他明確提出了『民主』，在國家的管理問題上，人民也有參與的權利。他在該書中所披露的西方政治、經濟、文化等領域優于大清帝國這一事實觸動了保守派的神經，立刻遭到保守派群起而攻之，進士何金壽彈劾他『有二心于英國，欲中國臣事之』，他家鄉湖南的民衆對他更是痛加詆毁，以至于滿城揭帖，誣蔑他『溝通洋人』，在這種群情洶洶的情况下，朝廷最後下旨將《使西紀程》毁版，從而使該書成了禁書。然而，書雖被毁版，却不能堵死民衆的傳播與閲讀的途徑，上海的《萬國公報》依舊連載該書，張佩綸曾說：『朝廷禁其書，而新聞紙接續刊刻，中外傳播如故也。』從某種意義上來說，啓蒙是時代的需要，盡管清政府發諭旨禁了該書，民衆乃至一些朝廷大員却依舊在私下閱讀，以便瞭解外部的世界。進步的社會是開放性的，任何企圖『閉關鎖國』的努力都意味着歷史的倒退，衹有開放，與整個世界文明保持同等的步伐，纔能實現真正的强國之夢。當大批知識分子走出閉鎖的國門，親歷了文明的洗禮之後，也就把啓蒙的智識帶回了中華大地。容閎的《西學東漸記》，梁啓超的《新大陸游記》，崔國因的《出使美日秘日記》等一大批作品介紹了海外諸國的政治、經濟、軍事、外交、文化。雖然這些作品在認識上仍然帶有時代的局限性，然而却是那時最爲珍貴的聲音。

另一方面，在學術上，中國文化母體内『經世致用』思想與資産階級思想相結合，也唤起了變革，以康有爲、梁啓超爲首的改良派試圖通過自上而下的革新以實現變革。康有爲的《新學僞經考》《孔子改制考》就是借經學之表論資産階級學説之裏的著作，康有爲的弟子梁啓超更是通過《新民説》一書提出國民性改造。與早期啓蒙者『師夷長技』的器物文明引進不同，梁啓超上升到形而上的精神領域，從文化心理上更加徹底地進行變革。梁氏是清朝末年到民國初年一個橋梁式的人物，被譽爲『輿論之驕子，天縱之文豪』，其影響力不但在學術領域，同時還在文學領域，他所倡導的『詩界革命』得到了譚嗣同、黄遵憲、丘逢甲等人的響應，黄遵憲的《日本雜事詩》，丘逢甲的《嶺雲海日樓詩鈔》都體現了這種主張。這一主張要求反映新的時代和新的思想，用『我手寫我口』（黄遵憲語）的方式直抒胸臆，對長期占詩壇主流的擬古主義、形式主義產生了巨大的衝擊，解放了寫作者的心靈和頭腦。

與社會變革同步的是早期對西方思想著作的翻譯，這裏面影響最大的是嚴復，他翻譯的《天演論》《社會通詮》等書直接孕育了民國一代的知識階層。魯迅、胡適等人在文章中都曾提到《天演論》對他們思想所產生的震撼。與嚴復略有不同的另一位翻譯家是林紓，他的譯作雖然參差不齊，但却在更細膩的心靈層次對讀者產生影響，許壽裳曾回憶，他和魯迅都熱衷于林譯的小説，如《巴黎茶花女遺事》《黑奴籲天録》《迦茵小傳》等作品。

辛亥革命之後，進步社會思潮成爲主流，比之清末思想啓蒙者『求存』的追求，民國以來的知識階層深入到了更加細微的肌理，一方面呼唤社會變革，另一方面進行點滴的建設，革命并不能使所有的一切一蹴而就，在更加深廣的領域，事物的改變是由微觀而宏觀。通俗地説，比之于革命，建設的意義更大。如《中國商業史》《中國教育史》《中國倫理學史》《中國哲學史大綱》《中國小説史略》等一大批作品都是進行系統的梳理與建設的理論作品。其中，以胡適和魯迅二人的影響最大，他們的作品一紙風靡，從而成爲新文化運動的主力人物。

《清末民初文獻叢刊》收録的文獻大致上可以分爲三個階段，其中龔自珍、張之洞、魏源、郭嵩燾、薛福成等人的作品可視爲『早期啓蒙』，康有爲、梁啓超、黄遵憲、嚴復、林紓等人的作品可視爲『中期啓蒙』，胡適、魯迅、蔡元培等人的作品可視爲『晚期啓蒙』。當然，這種劃分并非嚴格意義上的，大部分啓蒙思想者隨着時代的變化，其思想在不斷進步。縱觀整個近現代史，可以發現，要求變革不是在某一個領域，由某一類人發起和完成的，而是全社會的要求。

變革，已經成爲全社會的共識。

從清末民初的文獻中，我們能够發現一種豐富性。這些作品涉及政治、經濟、軍事、教育、外交、宗教、心理、情感等方方面面，從内而外地净化着中國兩千年以來的封建積習。它不衹是對社會的改造，更是對人心靈的重塑；它首重國家社會之建設，同時亦重靈魂心智之喚醒；它是宏大的，也是微觀的；它是嚴肅莊重的，也是活潑靈動的；這些作品結構精巧，思想内容深刻，擁有濃厚的人文主義色彩，對推動社會主義建設，實現中國夢有重大意義，是近現代中國一百年來最宏富的智識與情感的寶藏。因此，整理這些文獻作品，無論是出于資料保存的目的，還是爲圖書館提供資料副本，都有不可估量的意義。

特定時代下的文獻，當它一旦形成（既指草擬，創作的完成，也指其成爲一個載體），就不可再複製了，也就意味着它將面對消亡。對于文獻資料而言，越接近歷史事件發生的時代記録，越具有研究價值。文獻本身具有不可再生性，它衹會消亡，而不會增多。盡管文獻本身的文字可以保留下來，并進行傳播，却失去了當時的時代氣息。當時的作品可能在技巧上，文字的成熟度上不及當代，但它所負載的信息，創作者的情感都反映了當時的歷史，也就是説，它具有不可替代的歷史意義。

影印的版本有三個特點，第一是擁有文獻的『原始性』；第二個特點是『未經改動的』；第三個特點是『歷史的原貌』。所謂『原始性』，也就是説，它是第一手資料，而非轉述的，回憶形成的；『未經改動的』，是指未被篡改、删節、挖補的；『歷史的原貌』是指在影印製作過程中，完全依照文獻的原來模樣……這樣製作出版的作品，無异延續了文獻的壽命。

近現代思想史上的一個最重大的思潮就是『開放』，從林則徐的『開眼看世界』到蔡元培的『兼容并包』，都是在倡導一種開放式的胸襟。而《清末民初文獻叢刊》最有魅力的部分就是『開放』這一主題，祇有融入到世界文明發展的進程中，中華文明纔能歷久彌新。

《清末民初文獻叢刊》編委會

二〇一七年四月十四日

凡例

一、《清末民初文獻叢刊》（以下簡稱『叢刊』）爲影印本，舉凡所用之底本，均爲該書之早期版本。有清末刊本，亦有民國印本。

二、《叢刊》均依底本影印，未予删改，僅代表作者個人觀點，不代表官方立場；原刊本有誤，不予校改，以保留文獻之原貌。

三、《叢刊》所用之底本，因時日久遠存在漫漶的情況，均進行了修復；底本闕文、印刷不清，均保留原貌。

四、爲讀者閱讀之便，《叢刊》中之舊底本目録未標記頁碼者，編了目次；原底本有頁碼和目録，未予重複編目。

五、爲保持文獻的原始風貌，影印本保留了原書書影（原書爲多册，則保留第一册書影）、扉頁等信息。所用底本無相應信息者，則不予妄添，以免錯訛。

目録

出使公牘

光緒戊戌
孟夏開雕

公牘之體曰奏疏下告上之辭也曰咨文平等相告者也其雖平等而稍示不敢與抗者則曰咨呈曰劄文曰批答上行下之辭也其施之官稍下而非所屬者則曰照會曰書函上下平等皆可通行者也曰詳文曰稟牘皆以下官告其上官者也官在兩司上者可勿用大臣出使有洋文照會者蓋以此國使臣告彼國外部大臣之辭亦即兩國相告之辭也執筆者宜審機勢晰情僞研條約諳公法得其竅則人爲我詘失其竅則我詘於人是非於此明利害於此形強弱於此分實握使事最要之綱領使事既有端緒然後述其梗概而奏之而咨

之劄之意有未達則再爲書以引伸之胥是物也故凡治出使公牘者必以洋文照會爲號號而諸體之公牘皆由此生焉電報雖爲昔日所無邇來籌襄公務之機要大半渾括於此故亦當附公牘之列余奉使海外四閱寒暑既甄錄疏稾都爲一集復裒咨函劄批之稍關國計民生者暨洋文照會及電報彙存十卷時自覽觀以備考鏡焉自我中國通使東西洋諸大邦所以諧政俗聯邦交保權利者頗獲無形之益然使職難稱之故蓋由中國風氣初開昔日達官不曉外務動爲西人所欺西人狃於積習輒以不敢施之西洋諸國者施之中

國爲使臣者遂不能不與之爭爭之稍緩彼必藐視而不理其病中於畏事爭之過亢彼必借端以相尤其迹疑於生事邇來當事願生事者較少而習畏事者較多故失之剛者常少而失之柔者常多余生性戇拙凡遇交涉大事輒喜斷斷爭辯爭之之具必以洋文照會爲嚆矢有時用力過銳彼或怒而停議然未嘗不徐自轉圜未嘗不稍就我範圍蓋我雖執彼所不願聞之言而其理正其事覈其氣平出以忠信之懷將以誠懇之意知彼之不能難我也然後斷然用之以難彼而勿疑其端倪可見於文牘者亦僅十之四五而已久之彼且積

感而釋疑。轉嫌而爲敬。欺者不敢復欺。爭者可漸息爭矣。顧欲與爭辯。則平日之聯絡布置尤不可不慎。譬之關弓者。必利其幹。調其絲。引矢一發。彀力雖勁。不至弧折弦絕者。審固於先事也。洋文照會。皆余授意譯者所擬。然後再譯爲華文。中西文法。截然不同。頗有詰屈聱牙之嫌。余恐汨其眞也。未敢驟加刪潤。後之覽者。亦會其意焉可耳。光緒十九年冬十月。無錫薛福成自序於英倫使館。

凡例

一是書凡七類分爲十卷咨文二卷書函四卷照會劄文批答一卷洋文照會二卷電報一卷各類皆以歲月先後爲次第

一凡一事而並咨總理各國事務衙門暨南北洋大臣者祇於起結處有一二不同之字句則於所敘稾中雙行夾寫以免另敘此係各衙門辦理公牘通例今仍照原稾刊刻以存格式

一中西文法截然不同洋文照會本用西洋文理一經譯爲華文已難盡依其舊數人譯之往往意同而語

不盡同。輒爲斟酌字句。以暢譯者之意。然讀之仍覺艱澁詰屈。微有聱牙意象。此則洋文通病也。今不復加刪潤。庶免汩其本眞。

一四國中惟英國交涉最繁。且多緊要事件。法國次之。義比二國雖有往來照會。不過循例公牘而已。

一中國通行電報。不過在此十年之內。而籌襄公務之機要。多在其中。前纂浙東籌防錄。始刊電報。將來足備公牘之一體。茲復集電報一卷。附於各項公牘之後。

一咨文書函照會照公牘格式。原擡之處。皆空一格。凡

應擡字樣無論單擡雙擡三擡皆作平擡以歸簡易而示區別

一凡打電均用號碼故遇應擡之字皆不擡稱名處亦不側寫茲悉仍其舊以存電報格式

出使公牘目錄

卷一

咨文

各屬部領事

咨總理衙門　酌議添設領事經費及籌辦事宜

咨總理衙門　飭直隸候補知府姚文棟順道查訪緬境情形

咨總理衙門　補錄告英外部擬派領事姓名

咨總理衙門　請英員保護智利厄瓜多流寓華民

咨總理衙門並北洋大臣李　義國交還中華書院產業器具

咨總理衙門並北洋大臣李南洋大臣劉　與英外部議駁新

勘漢龍關地方

卷三

書函　致總理衙門總辦

卷四

卷五

書函　致總理衙門總辦

劄委檳榔嶼紳商候選知府張振勳充當副領事

官

新嘉坡領事官左秉隆稟查各㠀華民情形由

直隸候補知府姚文棟呈報設立仰光文報由

姚文棟稟請仰光商董著有勞績援案請獎由

姚文棟稟寓居印度華商擬請　奏頒廟額由

印度華商黃琨熊昭盛等稟請設立加里吉打領事由

越南華商林蕙軒等稟控粱雲峰盜賣農山煤礦

由

廣東惠潮嘉道曾紀渠稟陳辦理南洋各㠀情形

卷八

洋文照會

例

卷十

電報

遞南洋大臣劉　錄四通

遞兩湖總督張　錄一通

遞雲貴總督王　錄一通

遞蘇松太道聶　錄七通

遞喀什噶爾道李　錄一通

遞森彼得堡使署大臣許　錄二通

遞柏林使署大臣許　錄七通

遞倫敦使署張　錄二通

遞巴黎使署慶　錄一通

遞新嘉坡總領事黃　錄一通

遞八募委員彭繼志葉樹勳錄一通

出使公牘卷之一

無錫薛福成叔耘

咨文

咨總理衙門　與英外部申明滇緬界務舊議

爲咨呈事。竊照接管卷内光緒十二年六月中英所定緬甸條約内第三條。稱中緬邊界應由中英兩國派員會同勘定。其邊界通商事宜。應另立專章等語在案。本大臣近聞英國派員辦理緬甸暹羅邊界之事。復閱新聞紙。知英商有由緬甸創造鐵路直達滇境之說。因查舊案。前大臣曾任内互商緬甸各事。除業經改議各節毋庸申述外當時英文參贊官馬格理與外部侍郎克蕾迭次商論據克蕾稱英廷願將潞江以東之地自雲南邊界之外起南抵暹羅北界西濱潞江卽薩爾溫江東抵湄江左右其中北有南掌國南有撣人各種咸歸中國或留爲屬國或收爲屬地悉聽中國之便等語查此節雖未明載約內而此事商議具有節略存案可援爲實據卽約中第三條亦卽包括此意現聞英廷正辦暹緬界務若彼果開鐵路直通滇境似欲將前議所分之地括而有之因遣馬格理往外部詢問旋准外部來文聲稱俟暹緬交界事辦畢然後再辦滇緬交界事

宜本大臣因辦照復申明舊議微逗其端以見中國之意並非置之不論本大臣亦未知該地情形何如中國收受有無利益但彼國方辦界務自不得不重爲引述以爲他時派員勘界會議之根所有緬何界務與外部往來文牘譯漢咨呈　貴衙門謹請查照辦理須至咨呈者

計黏鈔二件

光緒十六年八月二十五日

咨總理衙門　與英外部商辦添設領事

爲咨呈事竊照光緒十六年七月初十日承准　貴衙門文開准　北洋大臣咨開據北洋海軍提督丁汝昌文稱南洋各島華人巨萬惟新嘉坡已設有領事交涉懋遷尚稱安謐其未設領事各島曰檳榔嶼曰麻六甲曰柔佛曰芙蓉曰石蘭莪曰白蠟該處商民無不受其欺淩剝削環訴哀求實不忍視新嘉坡領事旣無兼管各埠明文亦無遙制各島權勢擬請新嘉坡改爲總領事其餘隨地設立副領事一員卽以該處公正殷商攝之統轄於新嘉坡之總領事至應設副領事幾處每年

經費若干．應由總領事查明撙節稟辦．惟總領事每年巡歷各小埠．應增公費．以爲各項川資．俾示體恤．咨請核辦等因．本衙門查外洋各屬境添設領事．均須先與該國外部商定．核給准照．方能次第籌議．應摘敘原文咨行．試與英國外部商議．如能辦到．實於華民有益．並將商辦情形咨復等因．承准此．本大臣查中英條約．未有設立領事明文．是以前任大臣於新嘉坡初設領事．及續派領事時．與英外部文牘往來．辯論殊費周折．誠如 貴衙門文開須先與該國商定．方能籌議．惟本大臣查英屬各島．華民流寓者極多．而香港一島．附近粵東尤爲中外往來咽喉凡華洋各商貨物均先至香港然後轉運各省而交涉事務一曰逃犯一曰走私一曰海界繁難叢雜每出巨案粵省遇事輒派員至港而聲氣不通往往緩不及事所以該處添設領事實爲刻不容緩之圖查閱案卷在　前任大臣曾任內迭次照會英外部請於該處設一領事迄未就緒至澳大利亞一島現有限禁華工一事亦關緊要而英國政府於此二處頗有不欲輕許之意本大臣以爲設立一處始商議一處枝枝節節徒費唇舌未見大效因遣英文參贊官馬格理到外部先述大意援照公法作籠統之辭祇言

中國欲設領事於英屬各地不言設於何地該外部似尙無峻拒之意旋卽將此意辦文照會如果外部允辦將來某處應設某處緩辦其操縱之權似仍在我本大臣又查泰西各國所設領事一官徧於地球所以保護人民疏通商務蓋枝葉盛則本根固聲息捷則國勢張關繫綦重卽英國在中國領事既有二十餘員之多而南洋各島華民流寓者有數百萬其爲中外門戶固不待言中國從前未甚措意而近年中外往來交涉日繁風氣大開若謂徧設領事卽已握長駕遠馭之規或稱就地可籌鉅費或冀收彼華民爲我所用此皆閱歷未

深之語其事亦斷辦不到然嘗盱衡全局實有不能不擇要籌措者卽就英屬各島而論如能添設領事數員每歲不過多費數萬金已隱收無形之益其效當有十倍於所費者且商民人等環訴迭求若置之不顧煩足以長華民觖望之心招外人輕侮之議丁提督所陳均係實在情形惟檳榔嶼等六處勢不能徧設領事卽公正殷商亦難多得或酌量添設而改新嘉坡領事爲總領事以兼轄之或將各島統歸新嘉坡領事管轄令總領事以時巡歷諸島以通民情而保商務似尙皆切近可行除札飭新嘉坡領事左秉隆將各該島情形詳查

具覆外。仍俟外部復文到日再行商辦。相應將照會外部洋文譯漢咨呈　貴衙門。謹請查照。須至咨呈者。

計鈔單一件

光緒十六年八月二十五日

咨總理衙門　送摘譯英法兩國新聞紙

爲咨呈事。竊照奉使一職。辦理交涉以外。自以覘國勢審敵情爲要義。而耳目所寄。不能不借助於新聞紙。查泰西各國新聞紙。主持公議。探究輿情。爲遐邇所依據。其主筆之人。多有曾膺顯職者。若英國泰晤士報。聲望最重。與各國政府。消息常通。其所論著。往往可徵其效於旬月數年之後。雖其中採訪不實。好惡徇情。事所恆有。固不可盡據爲典要。存刻舟求劍之心。亦不宜概斥爲無稽。蹈因噎廢食之弊。本大臣到任以來。每飭令繙譯員生。摘譯新聞之稍有關係者。隨時查閱。以備參考。

茲再删輯各條自四月至六七月間英法兩國新聞紙各繕一帙相應咨呈　貴衙門謹請查照須至咨呈者

光緒十六年九月初四日

咨總理衙門　英外部審量添設領事

爲咨呈事。竊照南洋各島擬添設領事一案，承准貴衙門來文，與英外部商辦，經照會外部，鈔稟咨呈貴衙門在案。茲准外部覆稱英廷現已審量此事，容後再覆等語。本大臣復遣英文參贊馬格理往詢外部侍郎山特生，據稱來文已交尚書侯爵沙力斯伯里閱過，仍須侍郎克蓄復勘伊等之意，以爲可以照行，但必須商之藩部及印度部，方能定議。惟印度部若再商之印度總督，非兩三月後不能得有回音。竊其用意，似亦知勢難拒卻，又不欲遽爾允許，故稍用支展之法耳。除俟續

得復文，再行咨呈外，相應將外部復文先行譯漢，咨呈

貴衙門，謹請查核，須至咨呈者。

計黏鈔一件

光緒十六年九月初七日

咨總理衙門並北洋出使大臣鈔送編輯中西權度比較表

爲咨呈事竊照本大臣承准貴總理衙門咨開准　海軍衙門咨嗣後遇有購買外洋船礮等項務將外洋尺碼磅數核出中國觔重尺寸數目等因嗣又承准　貴北洋大臣咨開據北洋沿海水陸營務處劉道詳稱奉札准海軍衙門咨購買船礮務將外洋尺碼磅數核出中國觔重尺寸數目擬請咨會出使英法德美各大臣會同將此數國尺寸與中國營造尺比例各國啟羅噸磅觔重與中國漕砝秤比例然後咨會海軍衙門通行各省

以歸劃一除批示并分咨外咨請查照核復等因承准此本大臣查西國權度悉由官造頒之民間各有定則毫釐不爽今欲將中西各項輕重長短數目兩相比較必先以中國尺寸爲根而中國各省隨地隨事各殊其用西人著書謂中國各尺與英幅地相校積至一百尺極長者當十五因制又千分之七百六十九極短者當九因制又百分之九十二懸絕如此則欲求有據又必以工部營造尺漕砝秤爲根近人李善蘭遵數理精蘊每度二百里每里一千六百餘尺之數用西法密率推赤道周徑以三百六十度約之定爲每一英尺當中國

尺九寸八分五釐七毫七絲其說甚精然虛有其名並無其器言其理則可施諸用則不可也而鄒伯奇遺書則謂每一英尺當工部營造尺九寸七分照會典圖式則又每一英尺當工部營造尺九寸一分一釐二毫此皆按圖揲器校量而得尚且歧異如此蓋會典圖因板之燥溼而殊形即銅尺亦因時之寒熱而異度故也本大臣曾用中國工部營造尺漕砝碼將英之權度仔細比校以爲可期精密然仍復參差不符因念條約所載尺寸係本之粵海關粵海關本之工部通商之始準此通行頒之稅關雖所謂八五一之數比之李鄒各家差

有贏餘意必粤關沿用稍拓其制以便徵取然既已據此推算即爲今日中外通用之尺不可得而改也即令持籌布算至精極密然苟與此殊即不堪施用故用以比校西尺必以海關尺爲準海關尺在外洋一時難得祇能以條約所算之尺爲準今輒據此尺布算其觔兩輕重亦准此法編爲三表先以中國之整數比英法意各國之散數爲第一表再以英國之整數比法意各國及中國之散數爲第二表再以法意各國之整數比中國英國之散數爲第三表今已編就備文咨請 貴衙門大臣察核抑本大臣以爲核準權衡度量亦一最要之事

將來須行各省應據以爲準繩擬請　貴衙門大臣咨商北洋大臣總理衙門會同札飭總稅務司經理蓋通行權度海關既有定式各國制度關吏亦所熟諳而明算術精繪圖者亦有其人應歸一處比之英德美各使署各出己意體例不一者自當遠勝編排既就即可由海關用精紙刊印頒發各處自可以免歧誤而歸劃一除分咨外相應咨呈　貴衙門大臣謹請查照辦理施行茲並購得英文各國度量權衡算法一本附呈貴衙門總理衙門可否飭交同文館學生繙譯漢文再上海機器局所譯藝器記珠一種亦甚詳明似可擷取以資考證須至咨呈者

計鈔中西權度比校表三紙

光緒十六年九月二十一日

咨總理衙門並北洋大臣李　英外部答允添設

各屬部領事

為咨呈事竊照提督丁汝昌建議增設南洋各島領事一案承准貴衙門總理衙門咨令與外部商議如能辦到實於華民有裨等因當經照會英國外部並鈔稟咨呈貴衙門總理衙門在案茲准外部復稱英廷願給中國領事文憑與外洋各友邦領事一樣辦理但刻下或有不能照給者須由英廷察看定奪等語查中國於外洋設立領事條約未有明文以故各國每多阻撓即如英國在新嘉坡初設領事時亦頗費唇舌茲經本大臣請其按照

各國通例辦理而英廷乃慨然允許未始非藉表友睦之意是以本大臣復備文申謝雖外部照會仍稱審量地方情形刻下或有不能照給文憑之處但中國之意亦係擇要而行並非欲一律添設本大臣現擬於香港設一領事而新嘉坡改爲總領事兼轄檳榔嶼麻六甲並附近新嘉坡歸英保護各小國將來或於各該地選擇商董充副領事統計增添經費亦似無多除俟與外部聲明應設地方再行酌定員數籌定費用咨商 貴總
衙門
理衙門 開辦外相應將往來照會各一件譯漢咨呈
貴衙門
貴大臣 謹請察照辦理須至咨呈者

計鈔外部照會一件
照復外部一件

光緒十六年十一月初一日

咨總理衙門　酌議添設領事經費及籌辦事宜

爲咨呈事竊照新嘉坡領事改爲總領事官暨香港添設正領事官業經本大臣具摺奏明揀員充補鈔稾咨呈　貴衙門在案本大臣查新嘉坡總領事現轄各島暨流寓華民較從前加數倍之多地廣事繁深慮鞭長莫及計丁軍門原文所敘曰檳榔嶼曰麻六甲曰芙蓉曰白蠟曰石蘭莪曰柔佛應添設領事者已有六處但規模過鉅殊恐所費不貲不能不籌變通之法現擬令總領事選擇各該處殷實公正之華紳畀以副領事名目小事由其經理大事仍待總領事核辦該紳既各有

本業。但須月給薪水百金。足資津貼。如未得其人。任闕毋濫。儻總領事力可兼顧者。亦卽不必徧設。約畧計算。添設副領事之地。暫以四處爲衡。至總領事銜秩稍崇。雖暫不照總領事之例。支領薪俸。亦應與正領事酌示區別。擬定月支薪俸四百三十兩。惟其所轄華民倍多。事務較繁。原設隨員一人。難敷照料。現擬派英館三等繙譯官那三。隨往襄助。該員向係月支薪俸一百六十金。此項日後須在新嘉坡支領。卽應劃撥在新嘉坡經費之內。而英館三等繙譯一員。尚須另調。又擬添供事一人。每月薪俸三十六兩。其原額隨員一人。則仍其舊。

尚有出赴各島巡護華民之費亦須覈實開報現擬六處每歲各往巡二次綜計歲費不得過六百金不出則不開支以上辦法除新嘉坡領事向支歲費七千餘金照舊作歲撥英法兩館經費分給外尚須加費八千金左右不敷支放擬請貴衙門於循照年例撥給經費時添撥此款實爲公便至香港領事雖未開辦約計歲費當與往年新嘉坡相上下以七千金左右爲率除正領事一員照章月支薪俸外其隨員一人及領事署租房一所應給租費似可均仍舊貫但其歲費七千兩擬請貴衙門咨行兩廣總督部堂廣東巡撫部院就近在粤海關劃

撥。歸出使經費項下扣除。免如新嘉坡之由使館收撥。以銀易鎊。又以鎊易銀洋。輾轉耗折。更添往返匯費。再香港領事應兼歸　兩廣總督部堂、廣東巡撫部院與出使大臣統轄。蓋其所辦交涉之事。大半關係地方之事。所以與使臣勢難隔膜。而與粵省尤爲切近。義當兩有所屬。稍殊各口領事情形也。所有一切籌辦事宜。是否如此。擬乞

貴衙門迅速核示。以便遵循。相應咨呈　貴衙門。謹請

察照施行。須至咨呈者。

光緒十七年三月二十五日

咨總理衙門　飭候補知府姚文棟順道查訪緬境情形

爲咨呈事竊照本大臣因緬甸分界事宜亟應豫籌以免臨時棘手於正月二十五日拜發密摺一件已備文鈔稟咨呈　貴衙門在案茲據在洋期滿稟請銷差回華直隸候補知府姚文棟面稱本年正月擬由巴黎起程順道遊歷印度緬甸等處當經出使德國大臣洪批准在案各等情查得該員精勤穩練留心時務研究輿地之學茲既身歷緬境本大臣檄令順路暗訪密查儻有切要情形隨時稟報本大臣暨　雲貴總督部堂

王、以備他日參稽之用・再緬甸之仰紅・亦名漾貢・係扼要之地・華民在彼者不下三四萬人・並令留心查訪・當經酌給路費銀三百兩・以資津貼・相應咨呈　貴衙門・謹請查照備案・須至咨呈者・

光緒十七年正月二十五日

咨總理衙門 補錄告英外部擬派領事姓名

爲咨呈事竊照增設領事一案初經本大臣照會外部准外部覆稱中國欲設領事願照各友邦一律辦理但間有審量地方情形刻下或有不能照給文憑之處等語當經鈔稟咨呈 貴衙門在案據外部侍郎言及文意係指澳大利亞及香港二處而言復經本大臣再三與外部商辦始允於香港設立領事本大臣復具一牘聲明香港擬派左秉隆新嘉坡改總領事兼轄海門擬派黃遵憲嗣准外部去冬十一月初七日覆文有均經領悉之語本大臣將此憑據以爲事既定局乃次第籌

辦具奏請

旨查英國於他國領事必須各國朝廷繕給文憑將此文憑交與外部由外部轉奏君主請頒准勅較他國辦法稍覺鄭重其事既載於星軺指掌中惟他國通行辦法均於本國派委之後然後將姓名達知外部本大臣以香港此舉爲創辦之事誠慮事有變遷先將派委之名告知外部請其覆准原係力求穩妥辦法詎意近日英使華爾身忽生異議承　貴衙門電飭索取憑據檢閱前案始知此件覆文漏未鈔咨當時既得覆文之後以謂事臻妥洽不甚介懷又値啟程往法之際到法後

又以他事雜擾誤謂既經鈔呈竟致遺漏實難辭疏忽之咎相應將照會外部文一件外部覆文一件補鈔咨呈貴衙門謹請察核施行須至咨呈者

鈔呈與英外部尚書侯爵沙照會一件 又英外部覆文一件

光緒十七年四月二十日

咨總理衙門　請英員保護智利厄瓜多流寓華民

爲咨呈事竊查本大臣前准　出使大臣崔　文稱秘魯所屬必沙灣意基忌登拏亞里架等處向有華商貿易自光緒七八年間秘魯與智利搆兵將各地劃歸智利管轄上年智利內亂不免滋擾中國與智利未訂約章無從保護有華商永安昌寶芳等稟請駐秘參贊轉求英國駐秘公使一面電達英廷一面函託英國駐智公使保護旋准英廷電如所請諭令駐智公使一體保護極爲得力又南美利加洲厄瓜多國亦有華人貿易

該國別立新例苛禁華人亦承英國駐劄惠愛磯之領事張百喜駮除苛例俾得安業將來各該處華工有所請託自益靈通咨請代謝英廷等因本大臣當即照會英外部致謝英國睦鄰護商之意茲接英外部大臣照覆內稱英廷聞得本國駐智利及厄瓜多之官員能幫助中國人民英廷深爲欣喜請煩查照等因相應鈔錄往來照會各一件除咨行　出使大臣崔　查照外爲此咨呈　貴衙門謹請查核施行須至咨呈者

計鈔往來照會各一件

光緒十七年四月二十一日

咨總理衙門並北洋大臣李　義國交還中華書院產業器具

爲咨呈事。竊查接管卷內。據義大利國中華書院學生郭棟臣等稟稱。納玻里府有中華書院一所。係教士馬國賢於康熙年間遊歷中國。曾蒙
聖祖仁皇帝賞給器物。歸國之後。將產業建置書院。百餘年來。中國學生來義學習者代不乏人。近年義國將書院改歸學部管理。以致侵蝕院產。牽連興訟。求爲照會義國外部等情。據此。本大臣行抵羅馬。傳令該生等詢問。復據該生等遞稟。欲請義國每年撥出三萬佛郎

以充經費本大臣詳詢原委乃知此院專爲天主教而設所有華人遠來學習者亦祇爲傳教計書院雖係馬國賢創造多由教士捐助不盡出其遺產至義國將書院改歸學部乃係將教士產業改由國家經理亦不止此一書院本屬礙難辦理惟此院原額有華生二十二名該生等既係中國人稟求保護似未便置之度外因於面商外部之後繕具一牘并附原稟託其查辦茲據外部覆稱學部已飭書院賠款一萬二千佛郎并將一切器具交還教會另擇善地以資教育等語雖不能如該生等所求亦不至令該生等失所所有照會外部文

并外部覆文暨院生來稟相應彙鈔咨呈　貴衙門大臣謹

請察核須至咨呈者

計鈔件

光緒十七年六月二十九日

咨總理衙門並南北洋大臣李劉與英外部議駁新

金山葛龍巴限制華民

爲咨呈明事竊照限制華工之例自美國創行英屬各地亦從而效尤英國新金山定例每船三百噸准載華人一名進口仍須納進口身稅銀十鎊方許登岸此例行之有年去歲阿泰一案上控於英國大審院卒不獲勝英屬加那大之葛龍巴亦定例每華人一名進口納稅銀五十圓此例行之六年現據葛龍巴華商英昌隆號等稟稱本年正月葛龍巴議院議加進口稅每人一百圓無論商人工人無論新客舊客一律徵收該處生意

淡泊。自魚鑵金礦以外。無可託業。實不堪此種重稅。求爲設法等語。查此項限制華工之例。屢經各前大臣行文外部。竟難駁除。一則以中英條約並無援照最優相待之語。頗難據以立論。二則英國管轄之權。頗有限制。屬地議院所定之例。英廷只能勸令酌改。不能飭令廢除。是以屢次駁論。仍歸無益。惟是該地設例專指華人明示限制。實不合於萬國公法。若遂置之不問。仍恐苛例日出。無所底止。大有礙於華民生計。亦恐損中國之威望。茲本大臣特備一牘。將新金山葛龍巴二事相提並論。除俟接外部覆文。有何切實辦法。再行咨呈明外。相

應將往來照會·譯漢鈔稟·咨呈明 貴衙門大臣請煩查核·須

至咨呈明者

計粘鈔

光緒十七年七月初九日

咨總理衙門　與英外部商禁香港出口軍火

爲咨呈事竊照八月二十一日接奉　貴衙門來電內開今年教案紛起云云兼公商辦并婉告有約各國等因當即遵照辦理並飭參贊官馬格理先往告英外部以近來鬧事私會每向香港購辦軍火若不由英禁止軍器出口斷難遏其來源恐釀釁端外部允電港督華使留神秉公酌辦已將大槪情形電達在案茲接英外部大臣沙侯照會內稱香港政府現已禁止鎗礮藥包彈子火藥及水陸軍器出口自西十月初一日起至明年西三月底止鈔送告示底稾請轉達中國　國家各

等因本大臣當即照復謝其克敦睦誼並告以六箇月期滿後設不幸而再有未發情形當再告英廷請將禁期展久等語本大臣查英廷此次辦法尙屬認眞彼意不欲礙本國利源所以未能永遠禁止然隨時展期則屬照例之事竊料半年之後各省匪徒尙難一律靜謐爲中國計禁止軍火愈久愈妙擬請 貴衙門於滿期一月以前察酌情形電示梗概以便本大臣照請英廷續禁似於防制會匪之事實有裨益茲譯錄英外部照會並香港政府告示各一件照覆一件咨呈 貴衙門謹請察核須至咨呈者

光緒十七年十二月二十六日

咨總理衙門並北南洋大臣李劉英員允許保護厄瓜多流寓華民

爲咨呈明事。竊照智利、厄瓜多華民，經英國代爲保護，前准出使大臣崔來文，嘗經致謝英國外部，並鈔稟咨呈在案。茲准總理衙門貴衙門函開：該處華民得英官代爲保護，未嘗無益，希請英外部諭令駐智利及厄瓜多兩國使臣領事，如前保護，俾華工得以安業，益見友誼之篤。等因。承准此，本大臣當備一牘，照會外部。茲准外部覆稱：允爲照辦。除咨呈總理衙門並咨會出使大臣崔轉飭駐秘參贊領事查照外，相應將外部來

往公牘咨呈明貴衙門貴大臣請煩察照辦理須至咨呈者

計鈔給外部文外部覆文共三件

光緒十七年八月十三日

咨總理衙門　送出使英法義比四國日記

爲咨呈事。竊查接管卷內。光緒四年八月十六日。貴衙門咨行具奏出使各國大臣。應隨時咨送日記等件一片內稱。凡有關繫交涉事件。及各國風土人情。該使臣皆當詳細記載。隨時咨報。數年以後。各國事機。中國人員可以洞悉。不至漫無把握。況日記並無一定體裁。辦理此等事件。自當盡心竭力。以期有益於國等因。光緒三年十一月初一日。奉

旨依議欽此。欽遵在案。本大臣於光緒十六年正月十二日由上海起程。一路訪察外洋各埠情形。隨所見聞。

據實纂記，蒞任以後，馳驅英法義比四國，又逐事攷求，於各國形勢政事風俗，觀其大略，編錄成帙。惟日記雖體例不一，而出使情事，無甚歧異。查　前出使英法大臣郭及　前出使英法大臣曾，俱有日記，所紀程途，頗已詳備。若但仿照成式，則無發揮，雷同之弊，恐不能免。此一難也。出使之職，固在聯絡邦交，至如覘國勢，審敵情，貴能見其遠者大者，而事之真偽虛實，得失利病，本不易辨。或拘於一隅而不能會其通，或震其一端而不能究其極。若但掇拾瑣事，見其粗而遺其精，羨所長而忘所短，泚筆鋪敘，舍己芸人，無關宏旨，此二難也。中西通好本係創舉非挈四千年之史事觀九萬里之全勢無以通其變而應其機偶有論說抑揚稍過恐失其平或致議者之反脣或啟遠人之藉口必斟酌夫理之當然勢之必然權衡輕重不可稍有偏倚此三難也有此三難最宜審慎本大臣奉使之餘據所親歷筆之於書或采新聞或稽舊牘或抒胸臆之議或備掌故之遺不敢謂折衷至當要不過於日記中自備一格始於庚寅正月迄於辛卯二月分爲六卷用西洋糖印法飭員楷錄印訂六册由文報局附郵賚送相應咨呈 貴衙門

謹請查照須至咨呈者

光緒十七年十二月二十日

咨總理衙門　與法外部議除越南等處華民身稅

爲咨呈事。竊查　劉前大臣移交法署卷內。有越南等處徵收華民身稅一案。自光緒十二年。經　許前大臣照會法國外部。以後懸隔五年之久。至今尙未催辦。本大臣查華民寄寓越南三圻及柬埔寨等處者。約計三十萬衆。其丁壯毎歲所輸身稅。約計二三十萬兩之多。苟能一律裁革。實於華民大有裨益。卽使不能儘數免徵。第能使法國減去一分之稅。則華民卽受一分之利。前曾函達　貴衙門在案。嗣於光緒十七年夏初接奉貴衙門來函屬卽與法外部商論旋因教案迭出口舌滋煩停擱將及一年現稍安靜無事卽已照會外部催其將前事核辦除俟接到該部覆文再行咨呈外謹將此次致法國外部照會錄呈　貴衙門存案備查須至咨呈者

計鈔單

光緒十八年二月二十五日

咨總理衙門並北南洋大臣李劉與英外部議會立坎巨提新函

爲咨呈會事，竊照英兵侵擊坎巨提回部，該頭目戰敗出奔一事，本大臣於正月十六日在巴黎，承准貴衙門總理衙門咸電，當即馳赴倫敦，與英首相兼外部大臣侯爵沙力斯伯里會晤數次，往復辯論，英廷狃於琉球越南緬甸之舊樣，以爲業彼吞併，中國即不能過問，又揣中國向不務勤遠略，謂我平時未嘗管理坎巨提事，非若英之久覓坎政，籌貼歲費，所以深閉固拒，不願我與聞坎事，堅韌異常，本大臣就彼兩屬之說，與之力爭，兼用旁敲側擊之法，隱示形格勢禁之謀，磋磨匝月，始稍就緒。議於舊酋之兄弟子姪中選立一人，由新疆巡撫或喀什噶爾道就近派員赴坎會立新酋。然彼猶以坎巨提立酋，中國向不派員，苦相詰難。本大臣答以向來坎酋繼立，是否由喀什噶爾就近派員，一時無從查考。此次事屬非常，必須由中國派員以表兩屬之證據。將來尋常繼位，不妨查照向章，向若派員，則仍派員，向不派員，亦不因此次而援爲成例等語。外部始願遵議辦理。旋接貴衙門總理衙門二月養電，英使華爾身轉述外部電意，既將後不爲例一語誤解，又云不過請我派員到場，較會立字義爲輕。本大臣恐外部或有翻異。因飭英文參贊馬格理赴外部詢問。外部實尚未變議。本大臣欲益堅前說。特再備文照會外部。解明後不爲例一句之義。並申明會同字樣。及中國所有納貢之權。又在外部與之言定。能選立舊酋之子更妥。如中國派員未到。不得說出所立人名。外部均已電告印度總督矣。相應將照會洋文稾譯漢咨呈 貴衙門謹請察核。須至咨呈者。

咨會 貴大臣請煩查核。須至咨會者。

光緒十八年三月十八日咨

咨總理衙門　摘錄曾前大臣滇緬界務舊卷

爲咨呈事竊照滇緬分界一事前接英外部照會並劃界節略地圖等件當經繙譯華文就原圖加註又本大臣照會稾一件於二月十六日咨呈　貴衙門在案查光緒十一年英人初得緬甸之時經　前出使大臣曾派本署英文參贊官馬格理與外部侍郎克蕾叠次面談由克蕾筆誌問答節略自光緒十一年十二月起至十二年二月止先後會商十次其節略經曾大臣隨時咨呈　貴衙門所有劃界緊要事宜均已議及查閱是年英外部三月十三日照會大致已屬允行旋値

曾大臣交卸回華英廷於劃界一事亦久置未議本大臣近聞英廷不日將派員來華辦理劃界事宜茲特擇全案中節畧照會之尤有關係者摘錄數件咨呈　貴衙門謹請察核須至咨呈者

計鈔單　節畧三件　照會二件　咨文一件

光緒十八年四月十五日

咨總理衙門　與英外部催問緬甸入貢年月

爲咨呈事。竊查中英所定緬約第一條內。緬甸每屆十年。向有派員呈進方物成例。英國允由緬甸最大之大臣。每屆十年。派員循例舉行。所派之人應選緬甸國人等語。當時中外注意。專在申明成例。惟未聲敘緬甸應於何年入貢。所以但有此約。而英之駐緬大員尚未舉行。本大臣因聞英國印度部各員頗持異議。有不願遵辦之意。若不及時催問此約。恐成虛設。曾派英文參贊馬格理赴外部探詢情形。外部轉述印度部各員意見。果多支吾搪塞之語。經該參贊執定約章與之理論。旋接外部來文內稱應由立約之日算起至光緒二十三年印度政府自當豫備派員等因本大臣查外部所定貢禮年限雖屬較遲然既訂有定期則屆時可查案催問自難翻異惟該文內有緬甸諸事更新之說恐其後來據此一語又多矯變不得不辦文再與辯明相應將與外部往返照會洋文稾各一件譯漢附鈔咨呈 貴衙門謹請察核須至咨呈者

光緒十八年五月二十六日

出使公牘卷之一終

出使公牘卷之二

無錫薛福成叔耘

咨文

咨總理衙門並北洋大臣李雲貴總督王與英外部理論英兵進佔漢董地方

爲咨呈會事竊查英兵到滇邊土司所屬之漢董燒燬房屋佔踞地方一案經本大臣辦文照會外部詰以不得借查察地理爲辭進佔邊界責令飭駐緬英員速卽退兵旋接英外部照復內稱英廷自當審量此事等因已於二月十六日譯鈔往來照會洋文稾咨呈會 貴衙門大臣督部

堂在案茲於五月初六日接據英外部文稱此事恐有錯誤其緬甸來信所敘英兵祇有百名曾到漢董而其地位之遠近月日之先後均有不符且稱英兵已早回八募本大臣查滇邊相距過遠其情形是否確實無從考覈惟英兵燒燬各村駐緬英員已自認不諱且既築路一條直通漢董則其心之未嘗一日忘我滇邊可知大抵英之外部亦思勉顧大局其邊吏則壹意以進取爲功並無底止此次英兵往來飄忽或實已早回八募或本大臣行文詰問之後始經外部飭查該英員乃一面潛自撤兵而故挪移其月日以掩飾其前非均未可

定但彼既自退回姑可將就了結自後英兵如有越界滋擾之處應由請雲貴督部堂貴督部堂豫飭沿邊文武詳查邊內邊外地名異同月日確據電知本大臣與英外部理論似有裨益相應將英外部來文譯鈔咨呈貴衙門謹請會

貴衙門謹請

郵堂請煩查核須至咨呈者

光緒十八年五月十二日

咨總理衙門並北南洋大臣李劉與英外部追論英人梅生勾通會匪讞案

爲咨呈事。竊照英人梅生勾通會匪。代購軍械一案。因判罰太輕。曾於本年正月四月兩次照會英外部。俟該犯監禁期滿。提至香港再讞。先後譯稾咨送呈 貴衙門大臣在案。茲於西歷七月初二日。卽中國六月初九日。接准外部來文。稱據上海英官律師來函。言上年此案辦結時。中國官員已極愜意。又上海英按察使來函。言此案所控祇係炸藥。故照炸藥定罪。不能加重。且謂該犯所做之事。僅係癡妄之想。並無實在險事等語。本大臣查該犯自供在鎮江通匪謀叛。又香港招雇英人十九名。滬關查獲洋槍三十五箱。種種證據。確鑿可憑。豈能以癡妄之想一語。輕爲開脫。因迭次電商 南洋大臣 貴大臣 於原控炸藥外。更以私通匪黨。偷運軍火。違例雇人三事。飭江海關道。囑西律師至英按察使處控告。旋接 南 貴 洋大臣閏六月文電。開梅案迭商英律師。担文謂證據不足。刑司前審供證。西例不爲確據。且與稅司均言再控必留滬質審。前斷解回轉作罷論。彼既聯爲一氣。恐再控必有反覆。已促其解回本國。經滬道屢商。已於十一日押解回國。並允不准再行來華。囑本大臣斟酌與之辯論等因本大臣查該犯業既釋放辯論自屬無益祇能相機就此收束將該犯逐出華境完案惟外部來文強辭奪理壹意袒護上海英讞員不容不備文照會正言駁斥仍用持矛刺盾之語略寓立竿見影之法以申公道而儆將來茲將外部來文及本大臣照會各一件譯稾咨呈 貴衙門謹請察核
送 貴大臣請煩查核 須至咨呈者

計鈔單兩件

光緒十八年閏六月二十三日

咨總理衙門　派員前赴比國考核罪犯會

爲咨呈事。竊照前准　貴衙門函開比國陸使照會。稱奉本國來函。封送查照。當將洋文譯出。係該國考核罪犯會章。擬請中國派員入會。復據陸使來署面述前因。以中國遣人一往爲榮。茲將原件鈔錄寄閱。屆時希派員前往。周旋其間。見復等因。准此。本大臣查中西律法。原自不同。該國所請派員入會。本屬無可考核。但不能不慮與委蛇。藉敦睦誼。當即札飭駐法三等繙譯官知府銜候選同知吳宗濂前赴比京入會聽議。仍將考核情形據實稟復。茲於閏六月廿七日。據該員稟報閏六月十三日由法起程馳赴比國十四日謁見外部及刑部總辦查各國政府派員入會者凡十有六邦各處博學會來赴是會者凡百數十人其人皆問官律師醫士等自十五日起至二十一日止每日集議兩次所議不外三大端曰根究罪源曰矜恤瘋犯曰保全童穉當集議之時會中有問中國辦法者該員遂登議座略言中國律法大致責成地方牧令以教化爲先是以人民雖衆犯法者少十九日比王臨堂聽議該員又將前意反覆申論其時聽者約數百人歡聲雷動擊節歎美比王亦向該員點首鼓掌以致謝臨行又溫詞慰勞其執政

大員多有向該員道賀羨慕華律贊美華官溢於言表二十一日會終大讌延該員於上座極盡敬禮茲已於二十二日回法據將所聞各議逐條摘譯并將對答之言稟報前來相應將派員赴比入會考核情形咨呈

貴衙門謹請察核須至咨呈者

附黏鈔件

光緒十八年七月十八日

咨總理衙門　與英外部開議滇緬界務

爲咨呈事。竊照光緒十八年六月十六日准　貴衙門

電開本署具奏滇緬界務。請專派使臣在英商辦。以重

事權一摺。奉

旨依議。欽此。除函牘外。先電聞等因。本大臣當卽備文

照會英外部。請其派員訂期會商。適值外部新舊交替

之際。未有復文。到來七月初七日。准　貴衙門咨開恭

錄

諭旨。鈔錄原奏。到本大臣。謹卽欽遵辦理。復具牘至外

部。催問。七月初十日。接英外部照會。稱已派寶星山特

生及印度部參贊一員與本署英文參贊馬格理會同商議定於十二日在外部衙門會商本大臣當即照復至期飭馬格理前往會議茲將往來照會各件譯稾咨呈

貴衙門謹請察核須至咨呈者

附鈔單四件

光緒十八年七月二十四日

咨總理衙門並北洋大臣李雲貴總督王與英外部聲明請英撤兵還地

爲咨呈事竊照滇緬分界一案前准英外部訂期派員會商已譯稟咨呈貴衙門總理衙門在案七月十八日本大臣飭馬格理告外部目前須先撤昔董英兵爲商議界務之第一事旋於西歷九月十二號即中國七月二十二日英外部侍郎山特生致本署英文參贊馬格理函稱撤兵一事必須細心審量現中國亟欲辦理劃界要務若俟審量昔董之事則商議界務似須多停時日且請中國言明何以要撤兵及索問地段之理云云本大

臣察其語意含混自係有心延宕因於二十七日照會

外部詳晰言明必應撤兵及所以索還厄勒瓦諦江東

邊地段之故茲將山特生來函及本大臣照會稿各一

件譯鈔咨明呈 貴督部堂衙門大臣謹請察核須至咨呈者

光緒十八年七月三十日

咨總理衙門並北洋大臣李雲貴總督王與英外部催請英兵退出昔董地方

爲咨呈事竊查滇緬劃界會同商議一事前經本大臣照會英外部索分野人山地即八募以北大金沙江以東之地洋人所謂上厄勒瓦諦江中間一段之地也並請英兵速退出昔董即薩洞納以便商議分界之事等因旋接外部大臣勞偲伯里照復內稱已轉告印度部尚書欲與印度總督商議此事英廷自當用心考核等語玩其辭氣已不若從前之堅執本大臣乘其游移之際當即辦文照會謝其允爲審量而仍嚴催英兵退出昔董

蓋英兵若不守昔董當即退至大金沙江以西英外部曾自言之中國所以必催撤英兵者爲劃江分界計也所以必劃江分界者爲保固沿邊數十土司俾英之邊吏不得誘脅爲兩屬也本大臣發文之後隨遣馬[illegible]赴外部探問而外部議論果已漸改謂中國此舉未嘗無理已微示轉圜之意總之中西所見之理不必盡同本大臣亦知昔董大寨向未爲中國屬地然我索之而英廷不能堅拒者以其本非緬屬亦更非英屬也本大臣仍當相機進退因時變通總期事可速了裨益邊務而已除俟外部如何照復再行咨明外相應鈔錄與外

部來往照會三件咨呈會貴衙門爵部堂請煩查照須至咨

呈者

計鈔照會三件

光緒十八年八月二十日

咨總理衙門並北洋大臣李　與英外部請删除

加那大苛待華民新例

爲咨呈事竊照英國屬地加那大政府苛待華民一案本大臣屢次與外部辨駁所有寓居加那大之華民不令其分別看待俾華民享受權利與別國之民相同乃近聞本年西七月初九日加那大域多利亞議政院新改一例係於一千八百八十六年所定華人入口之例第十三條修改以待寓居之華民更加嚴酷澳大利亞及加那大自主之屬地設立分別之例以治華民既不合中英條約之理亦與萬國公法相背本大臣因辦文

照會外部請英廷設法令其革除俾華人往來加那大者可以自便旋接外部尚書伯爵勞偲伯里照復內稱加那大政府改易一千八百八十六年華人入口之例第十三條一節已轉咨藩部大臣俟接回音再當照復請爲查照等語除俟英外部如何照復再行咨呈外相應鈔錄往來照會各一件咨呈

貴衙門大臣謹請查照須至咨呈者

光緒十八年九月二十六日

咨總理衙門並北洋大臣李　巴西國請照約遣

使駐京

爲咨呈事竊照光緒十八年九月初五日准巴西國駐
法公使畢薩照會稱本國伯里璽天德願照光緒七年
八月十一日兩國所定條約遣派使臣駐京請代奏明
中國
大皇帝允准照辦以固邦交等因當經兩次電達北洋大臣 貴大臣 轉電總理衙門 貴衙門 在案旋承准北洋大臣 貴大臣 轉到總理衙門 貴衙門 電復卽遵電示辦文照會巴西國駐法
畢公使告以旣願照約遣使駐京自應照中國現行禮

節與各友邦使臣一例接待並詢畢使如將所派銜名
開示即可轉達 總理衙門奏明辦理等語除俟畢使
開送遣使銜名前來再行咨呈外相應鈔錄來往照會
並問答節畧各一件咨呈 貴衙門大臣謹請查照須至咨
呈者

計鈔單並問答節略一件

光緒十八年十月初五日

咨總理衙門並北洋大臣李雲貴總督王與英外部辨論野人山地

爲咨呈會事。竊查滇緬劃界會商一事。前經本大臣照會英外部。獎其允爲審量之意。而仍嚴催英兵退出昔董。曾於本年八月二十日。鈔錄與英外部來往照會。咨呈會貴衙門爵部堂在案。旋將切要情形。節次電達貴衙門總理衙門察核。本大臣於九月間往晤外部尚書勞偲伯里。催問回文。稍有辯論。告以野人山地本非緬屬。英旣踞緬。卽爲中英兩國甌脫之地。按萬國公法。本應均分。至昔董駐兵。更恐兩國邊境難安。早經備文催請速撤。惟未接回文勢不能不與分界事併辦勞偲伯里謂昔董英兵勢難速撤恐中國接防兵未到無以彈壓野人又將滋事等語告以英廷但約定一退兵之期即可將滇緬界務議定大概規模勞偲伯里總以英廷不受勸捐爲辭查外部不肯速撤昔董之兵未必非俯徇邊吏之意有所窺伺然其立說每謂因議緬界而忽有此舉近於受我要挾情尚未甘不能不辦文照會示以轉圜之意蓋野人山地本非緬屬亦非滇屬原在滇緬分界之事之外本大臣初議及此實爲分界事盤旋作勢究竟分界與分地兩端不妨各歸各辦但仍聲明

中朝索問厄勒瓦諦江上游東段之地。不能稍改其意耳。除俟接有回文辦理情形如何再行咨呈會外相應鈔錄給英外部照會一件。咨呈會貴衙門謹請察核。須獻祉堂請煩查照。至咨呈者。

計鈔單

光緒十八年十月十八日

咨總理衙門並北洋大臣李 鈔送直隸候補道

姚文棟稟陳滇邊及緬甸情形

爲咨呈事。竊照本年九月初五日據奏留雲南二品銜直隸候補道姚文棟稟稱：竊職道於光緒十七年正月間道出法京巴黎，蒙憲臺札委查看印度緬甸各埠華商情形，並密探雲南邊外與緬甸交界地勢。啟程後，業將查看沿途商務及應辦事宜，歷次稟陳在案。嗣奉鈞電諭令將途中見聞再行詳稟等因。遵查職道自正月二十八日由馬賽海口搭趁法國公司輪舟，經地中海、紅海，歷意大利、奧地利及希臘、土耳其等國，又過埃及國京城之南。阿喇佰國京城之北。至二月十七日。始抵錫蘭。以上皆歷來使節所經。無庸贅述。自錫蘭換輪舟入孟加拉海。皆印度境。二十日抵本地舍黎。二十一日抵馬搭拉斯。南印度之都城也。二十五日抵嘎爾格達。東印度之都城也。凡印度境內商埠。大者三處。小者十餘處。闤闠流寓商人約六七萬人。此印度之情形也。三十日自嘎爾格達搭趁英國公司輪舟。三月初三日。抵仰光海口。是爲緬甸境。初九日。自仰光海口換輪舟。入伊勒瓦諦江。十五日。抵阿瓦。緬甸之都城也。二十日。自阿瓦換輪舟。二十二日。抵新街。爲伊勒瓦諦江之上游。

凡緬甸境內商埠海口三處沿江大者二十二處小者二十九處其腹地深山之中亦有商埠不下數十處閩商粵商多在海口約有萬人滇商散布於沿江及山中各埠無處無之幾與緬民相埒約在十萬人左右此緬甸之情形也印緬各地皆近赤道之下春時酷熱較內地暑月尤盛入境後肌膚發赤每日須以涼水澆洗謂之衝涼日當午時頭目眩暈幾若昏迷蓋古所謂身熱頭痛之國卽其地也四月初五日由新街僱民船入大盈江初六日抵蠻弄登岸是爲野人山之西麓初七日乘竹兜度野人山山中皆赤髮野人所居地形極險爲

中外之界限謝淸高所云峭壁不可梯緪羽水不任舟筏陳天祥所云上如登高下如入井者也初十日抵蠻允是爲野人山之東麓過此則一望平夷無險可扼矣十三日抵盞達十四日抵干崖十五日抵南甸皆土司屬於雲南者也十六日抵騰越始爲雲南邊境渡龍川江潞江瀾滄江皆極邊煙瘴之地至五月二十七日始抵雲南省城是役也自歐州海程入亞州其行三萬八千餘里行大江中三千二百六十餘里山程二千餘里歷時四月有奇職道竊查雲南邊境西路以永昌一府及騰越龍陵兩廳爲門戶其南路以順甯普洱兩府及

緬甯威遠思茅他郎各廳爲門戶而皆以緬甸爲藩籬自英人得緬甸藩籬撤而門戶寒矣所幸者猶有野人山之天險可以限隔中外若使野人山爲英所得則英可長驅而入雲南有高屋建瓴之勢而雲南更無可扼之險矣職道入滇後稽之志乘舊卷訪之邊民口碑乃知野人山實係中國現屬各土司之分地即明史所稱南牙山者本在雲南界內非甌脫比也蓋乾隆時滇緬老界西包孟拱孟養蠻暮南包孟艮木邦孟密六土司在內其後六土司潛爲緬甸所誘中國不復過問於是以現屬騰越之南甸隴川孟卯干崖盞達等土司現屬

龍陵之遮放芒市等土司及現屬普洱之車里十三猛土司爲新界新界西至大金沙江而止永昌騰越諸志班班可考野人山蓋在新界之內也職道竊按目論之儒每謂雲南天末遐荒不關形要而不知雲南實有倒挈天下之勢由雲南入四川則據長江之上游由雲南趨湖南而據荆襄則可搖動北方明儒顧炎武郡國利病書嘗極言之矣況今有印度緬甸以爲後路之肩背則形勢更勝於昔英之覬覦雲南非一朝夕之故矣然則雲南之得失關乎天下而野人山之得失關乎雲南能保野人山則雲南安能保雲南則天下皆安一山之

所繫實不淺尠也查自騰越龍陵兩廳度野人山以通緬甸其間其有九道皆匯於新街新街者乾隆時蠻暮土司故地也若能如憲臺原議收回新街以扼門戶之總樞是爲防邊上策新街既淪於英而不可返於是職道有保守野人山九道之議守吾界以遏其闌入猶不失爲中策若并野人山而棄之則日後邊防無險可扼雖使孫吳復起亦無策矣此就雲南西路邊務界務言之也自西路而外又有南路北路皆關緊要南路車里土司之外爲乾隆時土司孟艮木邦之地即英所謂撣人在潞江下游之東者車里與孟艮相接處僅有小江

數道無險可扼惟孟艮在潞江之濱為邊外重鎮又係商賈四集之大埠由緬甸渡潞江而犯思茅其有三道孟艮總扼其江道之衝實為要地職道嘗論新街孟艮之於雲南如鳥之有雙翼新街跨山為險屏衛其西孟艮扼江為險屏衛其南皆形勢必爭之地若失此兩險則如無翼之鳥就擒必矣昔年英廷欲舉潞江下游以東悉歸於我卽指孟艮以內之地於雲南邊務裨益非淺奈之何其遲疑不受也北路在野人山之北有甌脫之地千八百餘里相傳為明時茶山里麻兩土司之故地今亦野人居之旣不屬華亦不屬緬職道在邊外詳

查地勢由彼處入華有三道一道通西藏一道通四川之打箭鑪一道通雲南之永北廳若使日後淪入於英則三省邊防疲於奔命實爲一大隱憂山中產黃果樹百千萬株多難勝計故俗呼其地爲樹漿廠外洋購買其樹中之漿以爲器皿凡可收放寬緊者皆是此漿所成一樹所出每年可得小洋四百餘員利源極大又有金礦兩處礦苗亦旺以雲南民貧地瘠而其邊外乃有此沃饒不及今取以爲資而後來棄以資敵甚非計也且樹漿一物爲外洋所必需其權自我操之則亦可藉以制馭英人如康熙時俄人仰給我茶葉大黃卽借此

二物之微以施操縱之術也職道前過野人境時聞者或疑爲險遂可畏而豈知壺漿載道婦孺爭迎野官負弩執鞭咸有求庇之意即遠處樹漿廠之頭目亦遣使奉書譯其詞意自稱本是漢民願仍隸漢等語彼皆恐洋人之見逼耳以上三節皆係雲南邊地之要務不可不於勘界之先熟籌而審處之西路之野人山本係現屬土司界內之地有新舊各志可據此可折之以情理者也南路潞江以東之孟艮爲乾隆時舊土司英廷嘗議歸於我案懸未定此當引伸初議者也至北路之樹漿廠距緬最遠向未屬緬而所關於我三省邊防者甚

大按公法云遇荒地不屬邦國管轄者無論何國皆得據爲己有此當以兵力豫占可以先入爲主也職道奉委密查邊地界址踏勘既周詢訪既詳不得不悉心籌畫質之邊地耆民及有識之士僉以爲然而雲南省垣距邊已遠京師距雲南更遠燭照所不能及雖使職道上書建白而不免有位卑言高之罪惟有據實稟請憲臺密奏

朝廷以爭先著而杜後患鞏數千里之邊防爲億萬年之久計是否有當伏候鈞裁各等情本大臣查前駐德隨員現保直隸候補道姚文棟於光緒十七年正月期

滿銷差回華．道出巴黎．面稱擬順道遊歷印度緬甸暹羅越南等處．舍海登陸．繞出滇黔．業經　出使德國大臣洪　批准在案．比經本大臣以中緬界務．關係緊要．乘該道遊歷印度回華之便．可順路諮訪印緬切要情形．據實稟報本大臣．暨　雲貴總督部堂王．以備他日參稽之用．密札該員遵照在案．茲據稟稱各情．於滇邊及緬甸形勢．頗能留心攷核．議論亦尚有見地．雖間有做不到之處．而其博諮周訪．備歷艱辛．似於時務見聞．不無裨益．自應據稟詳咨．以備查攷．相應咨呈　貴衙門大臣謹請查照備案．須至咨呈者．

光緒十八年十月二十八日

傳經樓校本

咨總理衙門　遵　旨謝英君主送呈自製書集

爲咨呈事。竊照光緒十八年十月二十五日。承准　貴
衙門電開二十五日英使歐格訥
覲見。呈遞國書禮成。另呈英君主所贈自製書集。奉
旨著薛福成遵
旨致謝。欽此。本大臣當於二十六日親赴外部。傳
旨致謝英國君主友睦之意。該外部大臣勞偲伯里稱
卽日轉奏君主。本大臣旋辦文照會外部。重申前意。去
後。茲接照復內稱已將來文送呈君主閱看。君主聞中
國

大皇帝見愛此書極爲欣喜已囑駐京使臣竭力辦事必令兩國交情日益堅固等語諭令答復前來相應鈔錄往來照會各一件咨呈　貴衙門謹請查核須至咨呈者

計鈔單

光緒十八年十一月十八日

咨總理衙門並北洋大臣李雲貴總督王與英外部詰問侵擾滇邊

爲咨呈會事竊查滇緬分界並理論分劃野人山地一事本大臣曾於十月十八日鈔錄與英外部往來照會咨呈貴衙門會貴欽部堂在案旋將切要情形節次電達貴衙門總理衙門察核查英外部於本大臣索問野人山地之文遲遲不覆意存延宕經本大臣疊次催促至十月二十五日十一月初九日連接外部來文語意既多含混足徵理屈詞窮文後微露其意若中國不索野人山地彼可稍分緬屬撣人地以償我而又不肯明言誠恐一經答

允彼又狡賴所以不能不示以堅持磋磨作勢彼又謂車里即江洪孟連兩土司曾經入貢緬甸英國亦有索問之權雖係強辭奪理然查該兩土司昔年畏緬侵擾實有貢緬之事茲本大臣據理答覆不必曲為諱飾而英之無權索問已可概見至永昌府及騰越鎮廳會銜告示措辭失當致彼族執為中國不管野人山地之鐵據

昨准 雲貴督部堂王 貴督部堂 電稱已將張鎮等記過在案稍足示儆再印度部尚書金白雷蠻橫無理專聽武員慫恿不遵外部之言非但昔董不肯退兵又在昔馬修築礮臺近又派兵赴盞西土司邊外之開社地方攻擊野

入如此不顧公法難保不恃强趁勢窺伺滇邊似應請

雲貴督部堂
貴督部堂　密籌機宜整軍經武庶足爲建威銷萌

之計本大臣一面設法催問相機應付期於速了此事

相應鈔錄與英外部往來照會六件遣參贊官馬格理

赴英外部傳語一件丞昌府等告示一件咨呈　貴衙門謹請察核
咨會　貴督部堂請煩查照須至咨呈者

光緒十八年十二月初九日

咨總理衙門　派設檳榔嶼副領事

爲咨呈事。竊照新嘉坡英屬各埠酌設副領事一案。本大臣屢飭總領事黄道遵憲留心訪察。堪以派充副領事者。總期人地相宜。任闕毋濫。據實稟報。以憑核辦。前據該員稟稱選得紳士候選知府張振勳。即檳榔嶼之富商。在海門等處經商三十年。聲望素著。若爲檳榔嶼及其屬地威利司雷省。並丹定斯等處之副領事官。堪以勝任等情。稟請查核前來。本大臣覆核屬實。曾經照會外部。請英廷允准。並發諭照辦。旋接外部大臣勞偲伯里復稱檳榔嶼設中國副領事官。已轉咨英廷辦理此事之衙門矣等因．自應俟查明再辦．現據外部函稱接到新嘉坡及海門等處總督來函．稱張振勳派爲檳榔嶼之副領事．無所不可．是以已認其爲中國副領事等語．相應鈔錄往來照會函件．咨呈 貴衙門．謹請查核．須至咨呈者．

計鈔單

光緒十九年正月二十日

咨總理衙門並北洋大臣李雲貴總督王送科干地圖

爲咨呈會事竊查滇緬分界並爭論野人山地一事本大臣曾於光緒十八年十二月初九日抄錄與英外部往來照會及永昌府等告示各件咨呈會 貴衙門督部堂 察核在案英外部自經本大臣疊次催促仍爲印度部及印度總督所牽制未肯就範旋又送到照會一件措語尚多矯强專以中國無管轄野人山地證據爲辭而於本大臣前請數端仍無一句詳覆不知中國近年雖無管轄野人山地證據英與緬甸更無管轄大金沙江以東野人山地證據外部非不深知底蘊特姑爲遊辭以支

展耳惟其後段有讓地互換之說本大臣遣參贊馬格理肯以此等照會暫緩不覆本大臣但務實事不必以空文往返徒延時日因詢其所讓何地彼始送到科干地圖及節略一件告以地太褊小彼又允添潞江西地與科干地大小相等尚未送到圖說而大金沙江以東之野人山地仍作中英兩國甌脫如此旣可限制英人杜其誘脅滇西土司之漸而中國辦理交涉稍覺得體可免爲各國所輕視詎料印度部旣允復翻未肯遵辦現正與外部逐日爭論俟確有就緒相機了結再行咨呈會外相應鈔錄外部來文一件科干地圖並節略各一

件咨呈貴衙門謹請察核

（會貴欽遵堂請煩查核）須至咨呈者

光緒十九年二月初二日

咨總理衙門並北洋大臣李 雲貴總督王 兩廣總督李 法外部鈔送暫往越南華民免稅兩月新章

爲咨呈會事竊照越南等處徵收華民身稅一案屢經本大臣照會法外部請其設法裁革以蘇民困無如該外部總以酌辦爲詞久未見復本大臣因於正月十六日備文照會重申前說並飭駐法代理使事參贊官慶常面爲催詢並與反復理論茲於二月初一日接法外部照會內稱聲明尚有未盡情形應候查核先將該處鈔送新章一通咨送查閱按照西歷一千八百九十年五月十五日定例凡有華商經中國官員向法國領事等

官請領護照者准赴越南及北圻地方出入往來限兩箇月內免徵內地一切賦稅等因查法外部此次送到越南總督畢楷新定章程凡有華商赴越南及北圻地方往來兩箇月內免徵一切賦稅雖為日太促究於暫往之華民稍有裨益自應行知滇粵各省查照以便嗣後凡有華商請照赴越南及北圻地方出入往來兩箇月內即可免交一切賦稅除俟法外部將越南未盡情形查明知照前來再咨達外相應鈔錄兩次問答節略並往來照會各一件又越南新章一通咨呈會 貴衙門督撫部院

謹請查核須至咨呈者

計鈔單五件

光緒十九年二月二十日

咨總理衙門並北洋大臣李雲貴總督王滇邊展界並請查勘漢龍關地方

爲咨呈會事竊照滇緬分界並爭論野人山地一事本大臣曾於二月初二日鈔錄英外部來文並科干地圖節略各件咨呈會貴衙門大臣督部堂察核在案外部既送科干地圖後又允添潞江以西地與科干地大小相等始論及大金沙江以東野人山地辦法本大臣初仍執劃江爲界之說該外部侍郎山特生乃云可作中英兩國甌脫本大臣已飭馬格理允之矣次日外部忽又翻異堅稱印度部不肯答允且謂潞江左右彼已讓地不少何以

此地仍作甌脫本大臣往晤該外部大臣勞偲伯里詰以山特生自出此言堂堂外部豈可失信彼以山特生並未請示為辭迨再三辯駁始據稱願中國仍受彼讓地兩處滇西老界毘連野人山地者亦可酌量展出所展里數若干俟本大臣辦文去後再行答復等語本大臣因即辦文酌擬辦法所索各端大致皆已與彼議定者惟邊界外展拓之地扯算闊二十英里一節因滇邊直抵大金沙江約計不滿四十英里本大臣仍隱主各半均分之意以立說也行文去後彼又以電商印度總督為辭遲遲不復再三催促始據稱印度部大臣金白

當願讓我展出邊界五英里而昔董大寨尚不能在我界內查五英里實合中國十六里又半告以所展太窄且昔董不歸中國斷難了結頃據送到復文則又稍變五英里之說改爲以庚老開欽全地讓我約三百英方里昔馬亦在其內又將坪隴之南界線以西地一小塊劃歸中國約數十英方里如此則我所得地仍與展五英里之說通計不相上下查昔馬在野人山地非蠻達邊內之昔馬去冬印度發兵佔踞駐營築臺於滇西形勢不無關礙彼既堅不肯讓昔董苟可收回昔馬亦稍足爲固圉之計惟當與議定退出期限耳至漢龍關自

明季已淪於緬．騰越八關既去其一．形勢不全．本大臣曾向索還．外部屢電緬員查覆．因華名與土音歧異．彼族亦不能勘得其地．據云若在猛卯土司東南．必可歸還中國．若在猛卯西南．彼恐隔斷與緬屬南坎土司往來之路．勢難歸還．查漢龍關土名宛定．金養檢閱各圖．或在猛卯東南．或在西南．往往歧出．似應請 咨明 雲貴督部堂豫電騰越廳派員會同猛卯土司勘實漢龍關所在地方．以免勘界時為緬員所朦混．實有裨益．除外部來文．尚有數端．須與理論再辨．復文一面電達梗概．請 總理衙門 貴衙門 核示外．相應鈔錄與外部往來文件．暨洋

漢文地圖咨呈 貴衙門謹請察核

會 獣(堂)請煩查核須至咨呈者

計鈔往來文三件洋漢地圖各一件

光緒十九年四月初三日

咨總理衙門並北洋大臣李南洋大臣劉雲貴總督王與英

外部續催緬甸進貢

爲咨呈會事竊查中英所定緬約第一條內緬甸每屆十年向有派員呈進方物成例英國允由緬甸最大之大臣每屆十年派員循例舉行所派之人應選緬甸國人等語本大臣前聞英國印度部各員頗持異議有不願遵辦之意恐此約遂成虛設曾經行文催論查此事又與滇緬分界一事互相牽制蓋英本大國其輿論恥有納貢中國之名頗譏外部前此定約爲非法德各國新報又從而揶揄之外部不無悔意然彼亦知此約所關

於名者稍損所得於實者已多蓋必力行此約然後可將 前出使大臣曾 所議界務商務三端悉棄不顧迨本大臣屢與理論彼始答文稱英廷現已豫備於光緒二十年第一次派員赴中國蓋其用意甚深實爲滇緬分界不能稍讓地也然彼又於商論界務時屢示微意謂我於貢事如稍允通融彼亦於界務可格外退讓本大臣以中國體面攸關堅持原約而於分界各端仍斷斷與爭乃稍出彼意外印度部之所以屢允屢翻者職是之故外部此文接到已久本大臣以界務未了難免變端未敢信爲定論今既逐漸就範貢事亦不至誤

期相應譯鈔外部來文一件咨呈 貴衙門 謹請察（咨會 貴爵部堂請煩查）核須至咨呈者

計鈔單一件

光緒十九年四月初三日

咨總理衙門並北洋大臣李、雲貴總督王收回車里孟連兩

土司全權

爲咨呈會事。竊照英廷前因滇緬分界一事，曾行文爭論江洪即車里、孟連兩土司向爲兩屬，又稱新設威邊一廳係江洪、孟連所分之地，彼不能認中國此舉爲合例等語。經本大臣據理答復，曾於光緒十八年十二月初九、十六日鈔錄往來照會，咨呈會貴衙門、爵部堂察核在案。查英廷用意，在獨踞大金沙江以東野人山地，欲杜我爭辯，因特舉此事以相抵制。本大臣曾與再三駁論，彼已允我收回江洪、孟連全權，而威邊廳亦即在內。外部三月二

十三日來文既照辦矣次日外部又稱歐格訥寄到證據謂我自稱新闢夷疆實不能認爲中國之舊地彼族於中國邸鈔等件隨處留意足見其用心之深長然揣其命意則仍在促我了結不再多索大金沙江以東之野人山地也彼視野人山地如此鄭重則知我發端之初力索野人山地稍足扼其要領所以能使彼漸就範圍者未始不由於此耳除仍切實理論相機速了外相應鈔錄外部來文節畧並恭錄邸鈔咨呈（會）貴衙門（爵部堂）謹請察核（請煩查核）惟外部來文所稱原奏尚未查到須至咨呈者

計鈔單三件

光緒十九年四月初三日

咨總理衙門並北洋大臣李　與法外部再論越南流寓華民身稅

爲咨呈事。竊照越南等處徵收華民身稅一案。前經法外部先將該處鈔送新章一通。咨送查閱。聲明凡有華商經中國官員向法國領事等官。請領護照者。准赴越南及北圻地方出入往來。限兩箇月內免徵內地一切賦稅等因。比經本大臣咨明　貴衙門大臣查核在案。查華商赴越南及北圻往來。限兩箇月免徵內地賦稅爲期太促。因飭代理使務駐法參贊慶常。往法外部再與理論。須將身稅一項全行裁革。以蘇民困。茲據該參贊稟稱與法外部大臣德維勒會晤、所論身稅、並李梅在京辦理交涉事件、法商辦理鐵路工程之事、以及瀾滄江上游老撾土司之地、有屬越南者、應與中國會商如何劃分、請達 總理衙門、以便開辦各節、不無關係、均已遵照本大臣所告各節、一一與辯駁等情、並將問答節畧錄呈前來、相應鈔錄問答節畧一件、咨呈 貴衙門大臣謹請察核、又法議院會議鐵路一事、應併譯鈔、以備查考、須至咨呈者、

計鈔單

光緒十九年五月初一日

咨總理衙門並北洋大臣李　鈔送加那大新議

華民入口例章

爲咨呈事。竊查英國屬地加那大政府苛待華民一案。本大臣前經照會外部。請英廷設法令其革除。俾華人往來加那大者。可以自便。旋接外部照覆內稱加那大政府改易一千八百八十六年華人入口之例第十三條一節。已轉咨藩部大臣。俟接回音。再當照復。請爲查照等語。經本大臣於上年九月二十六日備文鈔錄往來照會咨呈　貴衙門大臣查核在案。茲接英外部尚書伯爵勞偲伯里照會稱加那大新改華民入口之例。藩部

尚書已將此事轉咨加那大之總督今藩部接得加那大議政院詳單兹特附上貴大臣即知其例必須修改之故並辯明並無不睦於

中朝之意等因相應鈔錄照會一件報單一件咨呈

貴衙門大臣謹請查照須至咨呈者

光緒十九年五月二十八日

咨總理衙門並北洋大臣李　與法外部詢問法

暹起釁情形

爲咨呈事竊查法國與暹羅啟釁一事英報屢言中國將有派兵助暹之舉以警動法國法人亦有鑒於越南前事不能不以中國爲慮稍覺躊躇本大臣思中國固不願攙預暹羅之事致生枝節然處之當在不離不即之間若竟置不問難免爲法國所輕視且寓暹華民數十萬未便漠視而瀾滄江上下游兩岸皆係中國雲南之地誠恐法人肆然無忌得步進步亦不能不聲明在先因函飭駐法參贊官慶常赴法外部詢問法暹起釁

緣由並與申說一切茲據該參贊稟稱已與外部大臣
德維勒會晤詢明各事據稱事可就範不致大動干戈
法不願兼併暹羅亦不廢其自主之權即將晤談情形
及法暹起釁緣由電囑公使李梅詳達 貴衙門大臣以免
疑慮等情據此並送問答節畧前來相應鈔錄問答咨
呈 貴衙門大臣謹請察核須至咨呈者

計鈔單

光緒十九年六月十三日

咨北洋大臣　順直水災捐廉助賑

爲咨呈事竊查今年永定河北運河水勢盛漲衝決隄埝順直數十州縣皆成澤國漂沒田廬爲近年未有之巨災畿輔生靈屢遭昏墊困苦饑寒殊爲可念本大臣查捐賑一事久成弩末遠隔海外措手尤難去年九月

本大臣曾經奏明請

旨將光緒十四年力襄蘇皖賑務之英國新嘉坡總督施密司等傳諭嘉獎以資鼓勵而策後效除迭次函飭新嘉坡黃總領事陸續募捐徑匯天津籌賑局外本大臣又欲就英法兩館設法勸捐祇因參隨各員所得俸

薪疊形減折，殊多竭蹶，不得不酌予體恤。茲本大臣自捐庫平銀三千兩，購買匯豐銀票，相應附文咨請
貴大臣飭交籌賑局查收備用，稍盡微忱，仍請示覆施行。
須至咨呈者。
光緒十九年十一月十四日

咨總理衙門與法外部議保護暹羅並甌脫之地

爲咨呈事。竊照本大臣於十月二十五日承准　貴衙門電開：密。英使言彼現與法在巴黎商湄江東岸局外地，願歸中國，及保暹之策，欲中國亦助力向法商議，以定三國共保之約，可免後患。希飭參贊思恭塞克與法外部言之，得覆再商辦法等因。本大臣查英法互商保暹之約，大致可望就緒，不至決裂。所議局外甌脫之地，須由英法兩國派員往勘情形，再行定奪。其歸中國統轄一節，屢見法國新報，咸以中國並未用力，無端得此利益。眾情頗爲不悅。幸外部尚無異言。英外部亦以中國此次爲之助力。屢持公論。謂此地歸中國爲最妥。且欲令其地形寬闊。本大臣所注意者。一則欲以南狐江即大宣河爲東界。可與法人界劃清楚。即將來車里勘界。亦省無窮轇轕。一則英法派員。中國亦須派員同往。以免車里南界。受彼朦混。已飭署理法館參贊恩㳟鏊克與法外部商議。法人未肯遽允。現託英外部代爲磋磨。約須稍緩。方有眉目。至英法兩國互約。不許因以融脫地歸中國。藉此另圖得中國利益。彼既互相猜防。中國尤隱受其益。此舉爲有利無弊矣。竊查英法現定甌脫之地。可歸中國者。東西約一百四五十里。南北約三百餘里。幅員不亞於帕米爾。西南兩面。皆據涓江形勝。其襟帶之雄。人物之蕃。土脈之腴。似過於帕米爾遠矣。除緊要機宜。陸續電達外。茲將致英法外部照會。暨恩恭塞克來函。法外部所印黃書。並譯稾。及一切信函節畧。共十一件。相應咨呈 貴衙門。謹請察核。須至咨呈者。

光緒十九年十一月十四日

咨總理衙門並北洋大臣李雲貴總督王與英外部理論英兵焚燒虎踞關野寨

爲咨呈會事。竊照本大臣於光緒十九年十二月十五日。承准總理衙門貴衙門電開。滇督電稱。月初有英兵二百餘。深入虎踞關距章鳳街相近之邦且寨。焚燒野寨十餘。虜野人二名。其兵官索約士聲稱。上年英兵過境。野人攔路放槍。奉札至彼罰錢。交不滿數。故焚燬十三家。查現有英參贊巴竇理在彼會同勘界。而兵官尙深入邊地橫行。不顧大局。請轉電向外部理論。嚴禁以杜將來等語。除告歐使外。希向外部詰問禁阻。即電復等因。准此本大臣當已赴外部理論電陳大概情形在案查虎踞關距滇邊近守新街較形窵遠英人始終不肯認虎踞關在我境內印度總督尤異常狡悍此發兵焚燬野寨正在勘明虎踞關界址之時未始非明示不願讓關之意蓋恐我力索此關則彼讓地較多情有所不甘也本大臣察度情勢勘分邊界不可再緩未便因爭論一隅致妨全局因與外部通融商催將虎踞關以東界線劃定所訂條約亦已告竣自此其泯詐虞當可相安前據外部送到節略亦稱俟劃界條約定妥英廷當囑英員於擬讓中國各地所居野人不去切實管理亦不干

預野人之事等語。是此後可無慮生事矣。然本大臣尤以兩國辦理勘界之事。愈速愈妙也。相應譯錄英外部所送節略。咨呈會貴衙門欽鄉堂查核。須至咨呈者。

光緒二十年正月初十日

咨總理衙門並雲貴總督王　鈔送英外部請展

緩緬甸進貢年限

爲咨呈會事。竊查緬甸條約第一款內開緬甸每屆十年。向有派員呈進方物成例。英國允由緬甸最大之大臣。循例舉行。所派之人。應選緬甸國人等語。本大臣初聞英廷意在延宕。是以商議滇緬條約之先。即將貢事迭次催詢。外部與印度部商議。初次覆稱貢期應在光緒二十七年。經本大臣按約辯論。不稍鬆勁。外部繼稱應在光緒二十三年。最後乃稱光緒二十年爲初次派員之期。然本大臣知其意甚勉強。實爲議約不肯稍讓起見姑作是說以塞中國之望既而分界通商條款逐漸議定似聞印度總督深咎外部所讓較多頗悔貢期之太早本大臣所以辦文催問外部覆文果有聲請展緩之說本大臣思外部於分界諸事頗能勉力通融若必責令緬員於本年入貢爲期已甚匆促萬一辦理不能應手轉啟後來玩視之漸爰卽辦文允其暫緩一年並堅持原約告以明年必須如約舉行詎該外部以文中無咨送總理衙門貴衙門察度字樣竟將原文送還堅請轉咨希冀多許展緩之期本大臣一面告以總理衙門貴衙門必不能許多緩姑允轉達以候酌復仍請總理衙門貴衙門

堅持約章。駁以礙難久緩。務行使館。即可由使館照會
外部以杜彼族之覬覦。抑或由　貴衙門再許展緩一
年。以示格外睦誼。則日後責彼照約辦理。彼更無辭。總
之非有絶大權利。絶大體面。足與貣事相當者。斷難允
其常緩。相應將往來照會四件。譯漢鈔咨　貴衙門
督部堂
察核。須至咨會者。
光緒二十年正月二十四日

咨總理衙門並雲貴總督王　收回英員新築天馬關大路

爲咨呈會事。竊照本大臣於上年八月二十九日、九月二十四日迭准　雲貴督部堂王／貴督部堂電開：查得天馬關在猛密邦欠兩山間，坐東北向西南，營盤基址洞門均存，東北至猛卯屬之蠻允六十里，西北至大石頭一百里，係走猛洞大路。路內屬猛名，路外屬猛密，英人所修由新街達南坎之路，係在關內山梁上。又於十一月二十六日承准　總理衙門／貴衙門轉　雲貴督部堂王／貴督部堂電開：天馬關既允歸還，關內英修之路，如准其作爲借用，則華人亦須出入。情形如此。均請酌廷等語。查本大臣初向英廷索還天馬關之時。不知英兵已築新路。即英廷亦未之知也。既聞關內有英路一條。較形掣肘。固不能因此而遂不收回此關。英人堅稱八募南坎往來之大路。斷難隔斷。歷年所用工程經費。斷難棄擲。且此時尚未竣工。緬官亦未肯罷役。本大臣與外部仔細商議。知南碗河之南。天馬關之北。中國一小段地內。有最捷之大路可姑允英人行走。則所經中國之境較短。不如所修英路之長。而英路一條。即可永歸中國。英人不復顧問。亦不借用。蓋既為彼自修之路。雖名為歸我。若仍許借用。究恐喧賓奪主彼將阻抑華人我亦無從遥制今許行稍北之大路則離邊更近且非彼所自修在我立約限制尤為名正言順今於約內議定除中國商民與土人仍舊任意行走外亦聽英國官員商民行走英國如欲修理改築以臻平穩告知中國官後便可動工或須保護商賈亦准籌備辦理議定英國之兵經過此路者如逾二百名若未經中國官答允即不准過此路如在二十名以上即須豫先行文知照中國等因似於防弊之法略備梗概除條約另派妥員賫送 總理衙門 貴衙門外至英外部所詢能否於未換約勘界之前先將此路借用一

節應請咨行　雲貴督部堂 貴督部堂 查覆以便咨覆外部相應將往來照會二件譯漢鈔咨　貴督部堂請煩查核須 衙門謹請察核 至咨呈者

計鈔單

光緒二十年二月初二日

咨總理衙門　進呈新訂滇緬條約

爲咨呈事。竊照本大臣遵
旨與英國外部議定滇緬界務商務約款共二十條。擬與英外部大臣勞偲伯里先將草約畫諾。以杜狡變。業於本年正月二十日專摺奏明。並鈔錄原摺咨呈在案。本大臣隨於正月二十四日率同參贊馬格理等赴英外部。會同該尚書勞偲伯里。將華英文約稾互相畫押蓋印。現復照繕正本條約華英文一册。賫送　貴衙門。謹請進呈
御覽。恭候

批准以備互換並將本大臣與英外部互相畫押蓋印之華英文一册賫送　貴衙門驗收存案開辦施行所有繕正之條約暨畫押蓋印之條約共計二册裝成一匣並畫押蓋印之滇緬分界圖一分二張茲派駐法三等繙譯官同知銜候選知縣世增駐英隨員同知銜江蘇候補知縣沈翊清賫赴　貴衙門呈交以昭慎重除分別札飭妥慎經理外相應咨呈　貴衙門謹請查照分別驗收恭

進施行須至咨呈者

計開

恭繕進呈滇緬條約華英合璧八一册

畫押蓋印滇緬條約華英合璧又一册

畫押蓋印滇緬分界圖一分兩張

光緒二十年二月十八日

附錄新訂滇緬條約

第一條　一今議定兩國邊界自北緯二十五度三十五分起由格林尼址東經九十八度十四分卽北京西經十八度十六分之尖高山起隨山脊而行向西南過高崙坪及瓦崙山尖由此過華昌村與高崙村之中間以華昌村歸緬甸高崙村歸中國直至薩

伯垺。自薩伯垺起。其綫向西而行。稍向南。過式脫嵛垺。到納門格垺。由此仍向西南。隨山脊而行。至大薩爾河。自此河源至此河與南太白江相會處。分尤克村在東。列棒村在西。

自大薩爾河與太白江相會處起。界綫溯南太白江而行。至此江與雷格拉江相會。循雷格拉江上至其源。在尼克蘭相近。自雷格拉江發源處。分尼克蘭古庚昇格拉在西。昔馬及美利在東。其綫自來色江之西源起。至此江與美利江相會處。復溯美利江上至其源。在赫畚辣希岡相近。分克同村在西。列塞村在東。界綫即循穆雷江向東南而行。至與旣陽江相會處。然後溯旣陽江上至其源在燮路坪。然後由南奔江（卽紅蚌河）西支源起。順南奔江而行。至流入太平江（卽大盈河一名檳榔江）之處。以上係首段之邊界綫。

第二條　一第二段之邊界。由庫弄河（一譯作葛龍江）與太平江相會處起。循庫弄河經過其西邊一條之支江。至其根源。自此向南而行。與洗帕河（卽下南太白江）相會。適在漢董之西南。以麻湯歸英國。壘弄格東鐵壁關漢董歸中國。至此溯洗帕河之支江而上。此江有根源。最近孟定格江之根源。卽循山脊而行。向東南方至南碗河邊靠南之克浛以克浛歸中國配命歸英國循南碗河向西南方而行下至該河轉向東南處約在北緯二十三度五十五分其綫由此往南稍向西至南莫江以南盡歸英國循南莫江而行至南莫江分開處約在北緯二十三度四十七分溯南邊一條之支江而行至蠻透南邊高嶺之脊約在北緯二十三度四十五分卽循此嶺脊而行此嶺脊係向東行稍向北至瑞麗江（卽龍川江）與南莫江相會處以蠻秀地方及天馬關欣隆拱卯各村歸中國此數處在以上高嶺之北首卽溯瑞麗江而上至此江分流處再溯

南邊一條之支江而上以江中大洲歸中國至此江與孟卯相對東邊合流相近之處如第三條所開中國答允由八募至南坎各路中之最捷一條大路經南碗河之南中國一小段地內除中國商民與土人仍舊任意行走外亦可聽英國辦事官員及商民游歷之人行走並不阻止英國如欲修理此路或設法改築可臻平穩告知中國官後便可動工辦理又有須保護商賈或防偷漏等事英國亦可籌備辦理又議定英國之兵可以隨便經過此路但如兵數過二百名者若未經中國官答允即不准過此路所有

帶軍器之兵如在二十名以上卽須預先行文知照
中國

第三條　一第三段之邊界自瑞麗江與孟卯相對東邊合流相近之處起照天然界限及本地情形東南向麻栗壩而行約到格林尼址東經九十八度零七分北京西經十八度二十三分北緯二十三度五十二分地方有一大山嶺自此循嶺脊而行過來邦及來本隴至薩爾溫江卽潞江約在北緯二十三度四十一分此段由瑞麗江至薩爾溫江之邊界應照第六條所開由勘界官劃定所有歸與中國之地極少

須與孟卯至麻栗壩作一直綫爲邊界所包括之地相等。儻查得合式可爲邊界之處，尚須加添少許之地歸中國。則中國應將別處邊界之地給還少許與英國，此事俟日後酌辦可也。自北緯二十三度四十一分起，邊界綫循薩爾温江至工隆北首之邊界，卽循此工隆邊界向東，留出工隆全地及工隆渡歸英國。科干歸中國。由此循英國所屬之瑣麥與中國所屬之孟定分界處之江而行，仍隨此兩地土人所熟識之界綫至界綫離此江登山處，以薩爾温江及湄江卽瀾滄江之支江水分流處爲界綫，約自格林尼址東經九十九度。北京西經十七度三十分。北緯二十三度二十分。約至格林尼址東經九十九度四十分。北京西經十六度五十分。北緯二十三度。將耿馬猛董猛角歸中國。在格林尼址東經九十九度四十分。北京西經十六度五十分。北緯二十三度處邊界綫卽上一高山嶺。此山名公明山。循山嶺向南而行。約至格林尼址東經九十九度三十分。北京西經十七度北緯二十二度三十分。以鎮邊廳地歸中國。然後其綫由山之西斜坡而下。至南卡江。卽順南卡江而行。約過緯度十分之路。以孟連歸中國。孟侖歸英國。

然後循孟連與康東之界綫此界綫亦皆土人所熟悉至北緯二十二度稍北處即離開南卡江向東畧南循山脊而行至南壘江約在北緯二十一度四十五分格林尼址東經一百度北京西經十六度三十分由此循康東及江洪之界綫此界綫大半係順南壘江而行惟除屬江洪一小帶之地係在南壘江之西北緯二十一度四十五分稍南界綫行至江場邊界後約在北緯二十一度二十七分格林尼址東經一百度十二分北京西經十六度十八分即循江場與江洪之界淺而至湄江

第四條　一今議定北緯二十五度三十五分之北一段邊界，俟將來查明該處情形稍詳，兩國再定界綫。

第五條　一現因中國不再索問永昌騰越邊界外之隙地，英國大君主於北丹尼（即木邦）地及科干照以上所劃邊界讓與中國之外，又允將從前屬中國兼屬緬甸之孟連江洪所有緬甸上邦之權，均歸中國大皇帝永遠管理。英國　大君后於該地所有權利一切退讓，惟訂明一事：若未經　大皇帝與　大君后豫先議定，中國必不將孟連與江洪之全地或片土讓與別國．

第六條　一約內所開邊界各綫．及所附之地圖．繪明詳細．應由兩國所派勘界官比較劃定．以免地方官民爭論．如查得無論何處有未甚妥協者．應行更正．兩國勘界官查出所定界綫．必須改易其互易之地．不應僅視其地面之大小．須論其地土地之肥瘠．及緊要與否．儻勘界官不能商妥．應速將未妥情形各報明本國　國家核辦．　勘界官又須設法查勘中國舊邊界名為漢龍關者．儻查得在英國境內．英國當審察可否歸還中國．如查係在孟卯東南．即係在孟卯至麻栗壩直綫之北邊則已歸中國矣。

第七條　一劃界之事。經兩國勘界官勘定後。兩國如有越界之兵寨等於八箇月之內一槪退出。彼國兵退。此國立卽派兵接駐。兩國應將退兵駐兵日期豫相知照。自駐兵之日起。應各擔保界內所居之各種野人安靜無事。除保護邊界各地安靜必應有之兵寨外。兩國答允各不在邊界十英里之內。建修新舊礮臺營寨。英里量法。係從最近之邊界作一直綫量之。

第八條　一英國極欲振興中緬陸路商務。答允自條約批准之日起。以六年爲期。中國所出之貨及製造之物。由旱道運入緬甸。除鹽之外。概不收稅。英國製造之物及緬甸土產。運出緬甸由旱道赴中國。除米之外。概不收稅。其餘悉照第十條第十一條辦理。以上鹽米之稅。不得多於出入海口所收之稅。

第九條　一凡貨由緬甸入中國。或由中國赴緬甸。過邊界之處。准其由蠻允盞西兩路行走。俟將來貿易興旺。可以設立別處邊關時。再當酌量添設。中國欲令中緬商務興旺。答允自批准條約後。以六年爲期。凡貨經以上所開之路運入中國者。完稅照海關稅則減十分之三。若貨由中國經此路運往緬甸者。完稅照海關稅則減十分之四。凡有陸路出入貨物。應給發三聯單。即子口稅單照通海口岸章程一律辦理。運貨經過中國地段。如在此約所准之路之外。及有偷漏等弊。儻中國官願行查辦。即可將該貨充公。

第十條　一凡以下所開軍器。非經國家准購。不得由緬甸運入中國。亦不得由中國運往緬甸。此等貨物。僅准售與奉國家明諭購辦之人。不得售與他人。如各種槍礮及寶心彈。開花彈。大小彈子。各種軍械軍火。硝磺。火藥。炸藥。棉花火藥。及別種轟發之藥。

第十一條　一食鹽不准由緬甸運入中國中國銅錢米豆五穀不准運往緬甸鴉片及酒不准由兩國邊界販運出入惟行路之人准其各帶若干以備自用每人准帶之數應照關章定奪　若犯此條及前一條卽將所有之貨充公

第十二條　一英國欲令兩國邊界商務興旺並使雲南及約內中國新得各地之礦務一律興旺答允中國運貨及運礦產之船隻由中國來或往中國去任意在厄勒瓦諦江卽大金沙江行走英國待中國之船如稅鈔及一切事例均與待英國船一律

第十三條　一中國　大皇帝可派領事官一員駐劄蠻允中國領事官在緬甸英國領事官在中國彼此各享權利應與相待最優之國領事官所享權利相同如將來中緬商務興旺兩國尚須添設領事官應由兩國互相商准派設其領事官駐劄滇緬之地須俟貿易爲定　中英兩國領事官在所駐之地與其地方大員往來均係平行

第十四條　一英國商民等欲由緬甸赴中國應向合宜之英員請中國派駐仰光之領事官或邊界上之中國官給發護照方能前往其護照式樣一邊英

文一邊華文與通商口岸所給護照無異華民欲由中國赴緬甸如願領護照者可向華官請英國駐劄蠻允之領事官給發護照儻遇中國別地有一英國領事官亦可就近請給護照

第十五條　一英國之民有犯罪逃至中國地界者或中國之民有犯罪逃至英國地界者一經行文請交逃犯兩國即應設法搜拿查有可信其爲犯罪之據交與索犯之官　行文請交逃犯之意係言無論兩國何官祇要有官印便可行文請交此種請交逃犯之文書亦可行於罪犯逃往之地最近之邊界官

第十六條　一今欲令兩國交涉與貿易日臻蕃盛。並欲中國派駐仰光之領事官與中國大憲往來通電。兩國答允。俟可設法通電之時。應將兩國電綫接連。此綫創辦之始。專寄滇緬官商等往來電報。

第十七條　一兩國人民無論英民在中國地界。凡有一切應享權利。現在所有。或日後所添。均與相待最優之國一律。不得有異。

第十八條　一約內所開通商各節。俱非尋常款例。此由兩國察看地方情形。及中緬陸路通商應辦之事。互相允讓而立。所有互給權利。兩國之民除有同

咨總理衙門並北洋大臣李 雲貴總督王 送譯印野人山新圖

爲咨送呈事。竊照本大臣與英廷商議滇緬分界事宜。滇省西南兩面均與野人山地毘連。犬牙相錯。延袤不下千餘里。英外部曾出示野人分部地圖一幅。攷覈頗爲詳實。即大金沙江以東。野人種類不同。名號不一。分疆畫界。彼此截然。此等野人雖非內地人民可比。從前中國以不治治之。亦常羈縻勿絕。涵濡

聖化者數百年。近被強鄰以兵威脅服。未嘗無喁喁內嚮之心。經本大臣儘力爭論。既酌量劃地分隸中國。以

固邊圉而全體統本大臣尤愛其圖之指畫詳明因向外部暫借翻印二十分又將地名另譯華文亦印二十分以備分咨查考除咨送總理衙門雲貴總督部堂外相應將華洋文野人山地各部野人界域圖各二分另野人山地洋圖二紙咨送貴衙門謹請貴督部堂請煩存案備查須至咨呈送者

光緒二十年二月二十二日

出使公牘卷之二終

出使公牘卷之三

無錫薛福成叔耘

書函　致總理衙門總辦

論接見外國使臣書 庚寅

敬啟者六月二十七日肅布英字第五號書計達　荃
覽福成到洋後倏已五月有餘察看交涉情形粗有所
見茲謹具一摺二片敬求　貴衙門荃遞除鈔稾咨照
外有摺中未敢陳明者請爲　執事言之查西洋通例
於各國使臣來駐國都者平日接待禮文頗爲周至異
乎尋常即如朝會禮節其待各國使臣與本國貴戚一

體而與待國中之臣不同以寓賓敬之意卽以聯彼此之情　福成來英四月除常例朝會外樽俎款接聽樂觀舞已非一次前日閱彼國泰晤士新報將此事著爲論說謂中國

皇上親政之後尚未接見外國使臣其意不無觖望且似咎中國使臣不將外人接待情形告知本國以致中外交際之禮厚薄懸殊云云在彼族不知中國堂陛尊嚴自有體制萬不能與外邦之禮相提並論然準情酌理歐洲各使駐京十數年尚未一邀

覲見似於情誼歉然　福成竊揣彼族不久必有合詞請

見之舉圖時似不能卻然此議與其發之於彼而我始俯允之不如發之自我尤為得體若
諭旨定期召見慰勞數語俾各如所願而退此王會之隆儀實懷柔之勝算福成於正摺中微引其端附片復詳陳之而於明請
諭旨一節仍不敢輕言於
君父之前誠以事體重大未可瀆陳而區區之愚終不能自閟伏祈回明
堂憲裁奪為禱專肅布達謹請
勛安 七月初六日 英字第六號

論英使華爾身議華民入英籍書 庚寅

敬再啟者昨聞人談及新嘉坡近事知英使華爾身曾在　貴衙門建議令英屬地華民悉入英籍之說此舉殊駭聽聞即飭參贊馬格理至外部詢其知否外部亦深訝異謂華使老成穩練不應輕發此議　福成竊揣情形或因商議保護新金山華民華使姑發此說以資搪塞亦知其未必能行遂未報知外部從前威妥瑪常有此等舉動希冀陰其術中僥倖成議出於外部之所不料彼乃自詡其功竊謂華使此說直可置之不理彼亦無從置喙今日海外各國屬地寄寓華民不下二三百

萬其墳墓眷口均在中國不願竟化爲異類亦正斯民不忘本之意萬無拒之之理儻一國强令入籍則各國必相仿傚英屬地之待華民除新金山外均尚不至十分苛刻若法屬之西貢日斯巴尼亞之小呂宋其虐待華人情狀殆不可言如悉令就地入籍則絕百萬華人喁喁內嚮之心恐各國聞之益滋輕侮不獨以後保護二字無可復言且非吾民所願辦理必多窒礙迫我既辦不動而彼據成約以相責召釁更多福成未知華使是否實有此說 貴衙門曾否與之開議但既有所見不敢不罄其愚若因保護新金山等處華民與華使商

議未能就範似不妨徑飭敝處與彼外部磋磨此間各島華民消息較靈且事務稍簡可以專精經理斷不敢稍有推諉除電達大意外茲再瀝陳梗概希即回明堂憲裁奪是禱手此再頌

勛安

七月二十日

論英派員駐喀什噶爾及商設香港領事書 庚寅

敬啟者本月初六日接奉 鈞署來電當即電復大意查英人欲於喀什噶爾駐員一節前月下旬敝署英文參贊馬格理因事至外部晤侍郎山特生曾言有三事相商一中國回疆之西南英屬阿富汗之東北中間有地五六百里為布魯特遊牧所到該部久去其地幾同甌脫既不屬中亦未屬英而逼近俄境恐日久必思佔據英人不願阿富汗之與俄為鄰現擬占先手會同中國勘明分轄其地以杜他族窺伺一中國允俄在喀城駐設領事其地實無貿易俄人在彼設官籌度一切難

保不於印度有損英人隔在嶺外聲息不通無從窺測擬請中國允英在喀設一領事以便伺察俄人一葉爾羌之南克什米爾境內有一廢礮臺名曰剎衣都拉現聞中國官兵屯紮其中此雖無甚緊要但此後卽當永久駐守勿再棄去致被俄據以上三事是否與中國使臣在此商議報知中國辦理抑由英國駐京公使在總理衙門商量辦理囑馬格理詢覆福成當時竊揣彼雖設爲兩可之詞實則隱謀已定必電該使華爾身先探鈞署意嚮再行相機設法又念鈞署公事旣繁其中委曲底蘊未必盡悉敝處屢於新聞紙中見其梗

概倉猝間又無由詳達因囑馬格理覆以不妨在此籌商再告　鈞署外部果不出福成所料諉以現印度方派員前往察勘情形須兩月後再商而喀城駐員一層果囑華使在　鈞署開議矣福成就馬格理所述三事而論其第一第三兩端若盡如該外部之說似於中國無損辦理得宜或可有益尚非專係彼之有求於我故暫匿不以告或將來由伊自行區畫竟不再言亦未可定其駐員一層則必須中國允准方可舉辦所以先行抽出來探口氣再作計議福成竊思駐員一節於彼國誠為大益於中國似尚無損何以言之俄人覬覦阿富

汗蓄意已久若英派員在喀則俄人圖阿富汗之舉動纖悉必知喀與印度呼吸相通不致落人後著此所謂有益於彼也中俄接境幾二萬里萬一有衅防不勝防闕外信息阻隔不能靈捷尤爲可慮若喀城駐一英員於英人通信固便但使新疆大臣駕馭外人有法於我亦未嘗不便且喀城北鄰俄而允俄駐員南鄰印度而允英駐員彼此接壤事屬一體此所謂無損於我也惟俄於喀城以貿易爲詞英現無貿易故不免閃爍其詞或將來漸有通商之說亦未可定然通商一事固無損於中國也所慮者喀城派員係俄之專約若許英亦駐員

恐開他國照行俄約之漸。欲將此一層斡旋妥協。似亦不難。蓋凡條約本無之事。如一旦驟議開端。必彼此所讓利益足以相當。後來自不滋流弊。喀城添駐英員。此條約之所無。拒之原無不可。但拒之而俄不見德。英適見怨。則不如不拒。而索以利益相當之事。前奉　鈞署大咨議設南洋各島領事。此事英廷允否。尚未可必。然如檳榔嶼麻六甲柔佛等處。能令允設領事。固於保護華民一事有裨。惟香港一區逼近粵垣。且華人生聚日繁。閩粵盜犯均恃此為逋逃藪。諸多掣肘。從前屢次商設領事。彼國堅持不允。福成現擬乘此機會與之熟商。

稍緩即當鈔稟咨呈查核。彼以英人未到之喀城。尚欲
駐員。我以華人麕集之香港。而與　議駐員。名正言順。若
彼或有未便。而因此輟喀城之議。我可不任受怨。若彼
因喀城設員。勢不能已。則香港之事。彼亦當就我範圍。
然　福成　尚未以此二事。明與相提並論。萬一彼遵公法
先允我添設領事。　鄙　意或留喀城派員之舉。另索他項
利益更妙。蓋因舊時交涉。喫虧甚多。所須更正者。不止
一端。則　鈞署此時似不可鬆口。稍露能允之意。儻告
華使以此事現方函詢　僘　處。或稱已交　福成　就近與英
外部妥商。似尚渾含無迹。是否如此。即乞回明　堂憲

裁奪并乞先將大意電示爲盼肅泐密布敬請　勛安

八月十二日

英字第八號

論中外辦事情形書 庚寅

敬再啟者。福成自到洋後。熟察交涉情形。大約彼國外部尚能遇事主持公道。不如駐華使臣。一味自逞私意。強人所難。如從前威妥瑪巴夏里之徒。動輒要挾。實皆以此為見長之地。非盡出英廷本意。論者咸謂外部筦數十國交涉之事。統籌大局。故其心寬平。駐華公使。所筦祇一國之事。其心迫隘。皆欲多占利益。取悅於其本國商民。況從前中國未知外洋情形。所予外人利益。每以勉強得之。因而習以為常。華使為人。雖較威巴諸使忠厚。不甚生事。然受在華商民之慫慂。恐所難免。又如所議英地華民入籍一事．亦於理勢多所窒礙．彼或如鈞署綜理各國各口交涉之事．公務繁冗．海外情形．倉猝又難詳達．所以輒思嘗試．近來外部亦頗恃此為獨得之秘．鄙意交涉之事．有必須在內地辦結者．如重慶通商等事．非由　鈞署主裁．斷難如此妥洽．以其與內地督撫大臣行文商辦．亦較順手也．其不必盡由內地辦結者．如保護華民等事．或徑檄出使大臣與外部從容辯論．或由　鈞署主持．而與使臣函電頻商．務求靈通一氣．蓋因使署事簡．可以專精致究．全神應付．且海外大局．與彼國命意所在．信息較內地靈捷也．惟中

外相隔既遠。函牘往來。每延時日。又苦電價太昂。細情難達。祿成現方籌輕減電價。疏通消息之法。俟有端倪。再當詳細布達。請

鈞署酌核示遵。敬泐再頌

勛安。祿成又肅。八月十二日

論添設香港領事及英派員駐喀什噶爾書 庚寅

敬啟者。南洋添設領事一節。昨備文照會英外部。已譯稟咨呈　冰案。旋准外部文稱。此事英廷現須詳審。稍緩即復。福成惟恐其將香港一區聲明除開不設。則仍無異買櫝還珠。因囑馬格理以己意微探外部侍郎山特生口氣。明指香港而言。山特生謂只要中國能得一深明洋務之領事。不致侵權越分。亦無礙難之處。察其詞意。似尚易商。惟每事必設法支展。俟迭經催商而始辦。則外部之常例也。至喀城駐員一節。適來外部。尚未提及。竊思此事係華使在　鈞署所請。與南洋所請領事初不相涉惟目前彼之鬆口實因有求於我若知鈞署於喀城之事竟不通融彼或因絕望而變前議抑或遽爾允許又恐其已得所欲轉將我商設領事之議擱起刻下　鈞署似亦宜用支展之法告以未知喀城情形以函詢彼處疆吏爲辭一往返之間即可展緩數月以觀動靜將來確知其無甚關礙再由　鈞署另索他項利益相當之事更爲妥洽總之香港設領事與喀城駐員二事本係分開各辦現似不必相提並論惟內外消息卻須靈通仍乞隨時　電示至　鈞署慮及喀城通商一事似尚非彼族命意所重如衆議以爲不便

或將此層預與說明，以杜後患亦無不可，自乞回明

堂憲裁奪，除將外部照復譯稟咨呈外，肅泐奉佈，敬請

勛安。九月初十日

英字第九號

論藏印通商事宜書 庚寅

敬再啟者查藏印條約第四款有藏哲通商應如何增益便利一事容後再議之語福成詢之馬格理據云廓爾喀等國與印度通商入印度境不收進口稅以英人意在招徠也印度貨入廓爾喀境須納進口稅以其地素貧不能不藉供國用也將來印藏商務若與議藏貨入印不納稅印貨入藏須收稅英官似可應允等語自不妨以此說知照升大臣存爲此時議約之料件因從前各約當時未審利弊日久每形掣肘此後爭得一分利益卽有一分體面且可據爲刱案張本也愚見如此

伏乞回明　堂憲裁奪爲荷·肅此再請·　勛安　九月初十日

論添設南洋領事書 庚寅

敬啟者南洋添設領事一節頃已准英外部照復應允尚無難詞其所稱間有待查地方情形刻下或難照給文憑須由英廷察看定奪者係指新金山一處而言福成現擬先將調左秉隆前往香港開辦一層及改新嘉坡為總領事兼轄檳榔嶼麻六甲各島之說備文照會外部以免緩則彼族另生枝節查前任郭大臣議設新嘉坡領事時開辦之初大費筆舌始獲應允後曾侯擬設香港領事辯論再三迄無成議此次南洋各島及香港之議彼遽慨然允諾固由

朝廷威福漸摩所致亦因喀城駐員一層彼所注意或以此示先施之義聞華使在　鈞署開議未知曾否略索他項利益示以可允之機抑或以行查一說藉稍宕緩以觀動靜想　堂憲必有主裁此事　福成既未與聞未敢遙參末議惟念南洋准添領事則法日荷各國屬地皆可以次仿行徐商添設於海外商民大有裨益香港准設領事則於廣東省垣政事裨補尤多是此舉在我所收權利已不爲少其喀城派員英意重在伺察俄情闗其所遣之員不必定以領事爲名若我駕馭有方萬一中俄有釁我亦可藉英以察俄情似尚有益無損

侍訂議時斟酌可耳．部見如此．伏乞回明　堂憲酌奪
爲荷．除將英外部照復原文．譯漢咨呈外．肅泐奉布．敬
請　勛安　十一月初一日
英字第十二號

論添設南洋領事經費書 庚寅

敬再啓者。香港及檳榔嶼各島事宜。福成再四籌思。將來開辦之日。香港歲費約略與新嘉坡相等。當以七千金左右為譜。似須由廣東督撫院就近在粵海關劃撥。歸出使經費項下扣除。免如新嘉坡之由敝處收撥。以銀易鎊。又以鎊易洋銀。輾轉耗折。更添往返匯費。惟派員則須歸出使大臣。以便外部如有異議。可與理論。仍兼歸粵省與使臣統轄。蓋其所辦交涉之事。大半關係地方之事。所以與使臣勢難隔膜。而與粵省尤為切近。義當兩屬。稍殊各口領事情形。也至新嘉坡附近各島查

丁軍門原文所敘・計檳榔嶼麻六甲芙蓉白蠟石蘭莪
柔佛・共有六處・若必處處循照定章・添設領事・殊恐所
費不貲・今籌變通之法・擬改新嘉坡領事爲兼轄檳榔
嶼麻六甲總領事・俾其銜秩稍崇・便於控制・暫不必盡
照總領事之例・支領月薪・稍資撙節・惟其所管華民倍
多・事務較繁・不能不添派繙譯隨員各一人・襄理一切・
至其出赴各島巡護華民之費・亦須覈實開報・不出則
不開支・又芙蓉等四處・應令該總領事・選擇各處殷實
公正之紳商・畀以副領事名目・月薪約以百金爲度・如
未得其人・甯闕毋濫・統計所用歲費・當不逾八千餘金

之數較之歷年新嘉坡所用僅加一倍而六十萬華民均獲保護裨益實多此缺地當衝要局面更廣非熟悉洋情者不能勝任愉快查有使署參贊黃道遵憲精明幹練曾充舊金山總領事措置裕如堪膺斯任以上辦理各節擬請回明 堂憲詳悉指示一面容與外部商定明年再行開辦手泐再請 勛安 十一月初一日

再論添設香港領事及英派員駐喀什噶爾書 庚寅

敬啟者。英廷允設南洋各島領事。及調左秉隆往香港開辦。業經外部照復。陸續鈔稟咨呈 冰案。福成前於英字第九號函中。曾聲明香港設領事。與喀城駐員二事。分開各辦。不必相提並論。誠以向來中外交涉之件。外部往往設法支展。且因到洋日淺。外人之情實亦未能深信。不敢遽謂確有把握也。乃此次外部始終無一言阻難。且並未支展時日。慨然應允。力顧兩國交誼。實出意計之外。福成 前函謂其必因喀城一事。以示先施之義第念此事由華使在　鈞署所請應由　堂憲主裁非使臣所敢遙參末議則仍不欲以兩事相提並論之意乃近日外部侍郎山特生致本署參贊馬格理函措詞雖極婉轉而已微示責報之意竊思　福成初接鈞署大咨於南洋籌設領事一節頗苦無從著手及聞華使有喀城駐員之請乃得乘間而入先詰以公法中國在英屬地皆可添設領事繼又明指香港一區而言亦思彼若允我所請則我收回權利已多與彼所求既足相抵萬一不允所請則喀城駐員就此可作罷論刻下英廷既一一允許頗有意結歡中國若以施報恆情

而論似亦祇可俯允所求向之不欲以二事相提並論者今則勢不能不以此絜彼又念向來外人要求利益大都不盡循理勉强得之或僅有施而無報此次獨致先施之意亦未始非
朝廷近年德禮漸摩之效若彼以好來而我漠然不應恐彼謂中國之事仍須待迫脅而成轉覺乏味至於就事而論此舉在中國實亦無損新疆距內地太遠中外信息每患不能靈通英俄同處一洲而其互相猜忌之心時見於日報中國若許英在喀駐員固可藉英以察俄情駐英使臣常與外部往來必能聞其消息報知

鈞署若慮其藉此通商致各國競思援照則彼之派員可稍變名目彼函中所謂經手領事人即與另商再改亦無不可茲將山特生原信譯稾呈 覽敬乞囘明堂憲裁奪是禱手肅布達敬請 勛安十一月二十一日英字第十三號

三論添設香港領事及英派員駐喀什噶爾書 庚寅

敬再啟者，福成八月十二日致 尊處函中曾云，萬一彼遵公法，允我添設領事，則留喀城派員之舉，尚稍可設法另索他項利益，未知 鈞署曾否籌及，擬索何項爲抵。福成查俄在喀通商，當時曾侯因此路商務初興，貿易未旺，故於俄貨入境關稅一節，暫允免征，今屆修約之期，聞俄尚未肯完稅，此次英欲駐員，或稍有商務可與議明，循照通例，凡貨入喀境，須照値百抽五章程一律征收，亦可使俄人無詞再圖宕緩。日前馬格理見山特生時，曾言及此，今其來函，似已答允，此亦利益之一端然鄙意尚有大於此者從前洋人在中國欲設領事並不請中國准照隨意遣派竟若在中國有自主之權者因而輒敢與地方有司遇事掣肘動輒要挾蠻橫無理查此事實不合公法從前李傅相與巴西議約欲復領事官領准照之例甚費躊躇然僅一弱國尚辦不動此次趁英國欲在喀城駐員可與議明必須待中國給予准照然後新疆地方官纔認爲英國領事自此次爲始各口領事亦必領給准照此亦萬國通行之法諒彼無詞堅拒英人允許即可相機推之各國一律照行此則裨益更大將來如遇外國領事官桀驁不馴我即

可追回准照不認向時肆行無忌之必從此當可稍戢如索此項利益似較入境征稅一節尤有關係至於通商一節在彼已爲第二層義竊料該處荒瘠之地貿易亦驟難見旺但不借商務爲名則無端設一領事恐啟俄人之疑故山特生致馬格里函中已有商務字樣竊謂喀城遠在邊徼果能商務大興則照章抽稅於事亦未爲無裨並非損礙之事似不必過慮也愚陋之見是否如此并乞囘明

堂憲裁奪爲禱手此再請

勛安

十一月二十一日

譯錄英外部侍郎山特生致參贊馬格理函

敬啟者數月之前此間曾囑駐京 公使寶星華爾身勸中國允許英國派一經手領事人於新疆以為兩國獲益起見況俄國已有一領事在彼矣現英廷已允中國派所擬領事官於英地望華爾身所勸一節中朝亦能允許儻貴欽差能相助速允此事沙侯實為欣望然此舉亦於兩國商務及政務均有益處閣下前來此間曾說英貨入華界中國或欲略收微稅每百取五此節想亦不難特到辦理時須與印度政府一商肅布敬請台安山特生謹啟

論大東大北電報兩公司訂立合同書 庚寅

敬啟者大東大北兩公司報効官電訂立合同一節十一月十八日寄上一電因查該公司之例凡爲電報公事發電者不給電費爰將辦法詳敘電中惟須俟該局閒暇時始能發遞聞逾半月後甫經達到旋接 鈞署來電謹悉壹是已經電覆梗概所擬合同第二款內除中國電報局外不准別國公司在中國海邊安設水綫等語該公司初意欲作不准別公司在中國海邊安設水綫而無別國字樣則中國電局將來亦不能設自斷無此辦法理論數月始改爲不准別國公司字樣然合

同全款皆從此生根北東公司所得利益祇此一事至第一款明認其在吳淞等處設綫原係空文並非實惠蓋彼之設綫巳一二十年矣勢固難以不認而驟撤之但我須以此說斡旋方無損於體制彼亦知此條並無所獲而彼於第四第五第八等款皆予我以絕大權利實專酬第二款之益耳若第二款不行則全款當廢功敗垂成殊屬可惜竊意北東公司前函謂他國必生異議實係兩公司爭論時情形昔年大 北來華先設海綫大東起而相爭謂英使威妥瑪前在 鈞署理論滇案曾議請英商在中國設水陸電綫當時曾否答允固未

可知而威使之藉端要挾不循公法亦與近來各國情形不同福成近到外洋竊覩各國於電綫鐵路等事尤以自主之權爲兢兢斷不任他人干預無論交何國何人承辦惟其自爲酌度友邦不能過問查蒲安臣所定中美續約第八款亦聲明電綫鐵路均係内治之法美國並無干預之權光緒初年英商在吳淞私設鐵路經沈文肅公力與相持彼遂停輟者殆格於公法也中國二十年前於此等利害尚未深諳大北乘隙先來擅自設綫當時亦以彼族饒舌爲疑慮並未從嚴禁阻以致大東相繼效尤并託威使原議以爲劵與大北兩不相

讓勢難堅拒今大東早經設綫則於威使前議一層業已安置妥帖目下各國交涉與前迥殊均能循理且不生要挾之端更無異議 鄙意乘此閒暇亟定規模收回權利最爲要著從前合肥傅相亦與大北訂立合同六條惟於報效官電之外尚無別項利益且於合同字句未及仔細推敲因有不准別公司設綫之說彼時中國電局適自造綫大東又來攙越而大北乃趁此翻悔不肯踐約迄今未有歸宿 福成所深慮者北東來華設綫而我未能禁阻又不責其報效若各國公司援照前來我將無辭以拒之凡值用兵之時電綫尤關緊要儻德

與法倭諸國並遣公司來華設綫則中國爲各邦公其通電之地門戶洞開何所底止即如甲申年孤拔援法廷密電掩我不備遂有馬江之失其時爲法通電者非大北即大東因我未訂合同故彼並無所忌也今之辦法借北東兩公司之報効而予以保護兩公司爲名而杜他綫之來各國公司既知有此合同自不妄生覬覦前電所云英丹俄公使若來閧此事請以中國自主之權回覆决絕者蓋彼使不能與鬪明非國家交涉之事則各國自不能援均霑之例爲辭因係我與該公司自訂合同猶之在英購製機器法不能以此相責望在德

采辦軍火奧不能以此相瀆擾也況北東既爲我用遇有他公司潛來設綫彼必偵探密報我可豫籌設法禁拒非若昔日辦理之棘手稱成深知電務關繫緊要派員與兩公司理論舌敝脣焦已有八閱月之心力注於其間始獲漸就範圍即現擬九款亦經句斟字酌與彼往返駁論者五六次矣硜硜之見竊謂此舉與各國不生覬覦永保中國自主之權爲第一義有事時受我監察不爲我敵國通電爲第二義疏通中外消息辦理交涉隱獲裨益爲第三義中外各署每歲可節省電費數萬金猶係第四義也前電各款彼此磋磨既久大致已

無甚出入。第三款應改之語。謹遵　鈞電。當與北東商定。惟中國電局與兩公司商訂各項章程一句。仍擬作爲允兩公司與中國電局自行商訂各項章程。以下再照　電示之語敘入。則電局已獲無形之權利。蓋合同之語。謂電局應商之公司。則權在公司。若云允公司商之電局。則權在電局。查兩公司在中國。僅有海綫數處。較之電局陸綫。通連各省。究有主客之分。衆寡之殊。察其隱情。似不能不聯絡電局。且其交涉之事甚多。勢固不能不與商也。福成已於臘月初二日移駐巴黎。而大東總辦亦有事外出。仲春始返倫敦。福成擬於回英時。

再與商訂合同俟議妥後一面咨報候核一面奏聞請
旨緣前此大北合同六條北洋曾有奏案此次必須具
奏以示鄭重乃足取信於洋人俾無翻悔而核定之權
仍在 鈞署也重洋遠隔電價過昂每致信息不靈竊
冀此局早定一日卽早收一日撙節之益卽使趕速就
緒恐通行開辦已在明年夏秋間矣以上各情敬乞回
明 堂憲裁奪肅泐奉布敬請 勛安 十二月二十六日法字第三號

再論電報兩公司訂立合同書 庚寅

敬再啟者．前與北東兩公司先議合同節略．據稱該兩公司係英俄國家扶持創設．今與中國商訂合同．必須請示國家．並請將此節敘入合同之內．福成思我若明認其請示．必受彼國家牽制．且自主之權．隱被英俄干預．殊多不便．所以不允將此層敘入．告以此係中國之事．與英俄國家無涉．彼之請示與否．非中國所能過問．但我總不能明認耳．兩公司遂亦無辭．萬一英俄公使請 鈞署詢問此事．請明告以此非兩國交涉之事．應由中國自主．不願他人與聞．否則彼且認爲當問之事．

始而干預。繼而把持。流弊恐無窮矣。合併縷陳。再請

勛安　十二月二十五日

論與英爭坎巨提事及滇緬界務書 辛卯

敬啟者。福成初在巴黎使館擬與英外部爭論滇緬邊界事務及梅生罪案。早欲趁期啟行適因感冒咳嗽頗劇履展行期旋接到 鈞署來電隨於十八日力疾過海赴英十九日與外部面談一切廿三日晚又接 鈞電廿四日至外部辯論先後電復在案茲再將詳細情形布陳查英人認坎巨提爲印度屬部一節去歲七月中外部已有此說臘月初二日接 鈞署十月初五日大咨並鈔錄光緒十四年四月間疆撫咨呈五月間英使華爾身照會益知此事在英人蓄謀已久故華使照會有云欲免葛藤莫若早知坎巨提亦係久歸克什米爾所屬年呈貢獻歲受賜金等語。福成第一次晤外部時遵照電意祇詰其因何起釁並告以坎部久隸中國回疆管轄斷不能聽英國遽爾廢滅外部初以坎部納貢中國甚微支吾其詞繼以我所執者係兩國會商之正論遂有廢父立子之說而仍以電詢印督為活筆第二次與之會晤則本鈞署電意詰以坎部與帕米爾中國視同一體新疆巡撫皆有管轄之權俄不宜佔帕英亦不宜佔坎且英若佔坎俄必佔帕中國更無詞以折之外部見我提及帕事意似稍動而深訝中國不及時布置且云英兵欲守興都哥士山門戶意在保護邊界亦於中國有益窺其意似因彼前送帕米爾地圖華使赴　鈞署探問消息未見動靜疑我竟置度外遂欲趁此下手爲先發制人之計免被俄人侵佔　福成　告以中國業經行文驅撫在帕米爾立界牌修墩臺常時派兵巡歷彼始欣然意似大轉惟仍以坎部與帕米爾情形不同瑣瑣致辨　福成　告以俄人方伺英之舉動英若佔坎俄人豈肯甘休則兩國兵爭方始未見其利外部始云立卽電詢印督迅速妥商再行回覆除俟得確音再發電外茲將兩次問答節略鈔錄呈　覽滇邊土

司屢有英兵騷擾一節。福成晤外部時亦經提及。外部答以分界之後纔能相安無事。又云野人山地一帶常有不華不緬之匪徒出而滋擾。勢不能不示以兵威。福成告以英在緬界剿匪。中國自不過問。但不應涉及滇界以致土司屬地時有驚惶。設因此啟釁誰執其咎。且查照曾侯前議。英兵不應到騰越之西北。外部答以時異勢殊難以執一而論。查從前曾侯與外部議明緬甸所轄野人山地。以赤道北二十四度爲界。纔再北則本非緬屬。當由兩國另議劃分辦法。我如堅持此層則裨益匪細。但外部以歐格訥前定緬約六條。未將此層敘人頗有不能全認之意似亦將來分界時所不能不堅持之事 福成因坎事喫緊恐論事較多轉難得力因告以滇邊事另日尚須詳送文函又聞英廷現擬派歐格訥爲華使替人將來分界一事勢必以緬甸巡撫主政或以駐緬較久熟悉邊情之英員主政而以歐格訥綜其大綱 鄙意倘俟前議 鈞署必有函牘可稽屆時檢出與之辯論似亦不無稍補以上各節伏乞囘明 堂憲裁奪爲禱再坎巨提即新疆識略及西域水道記之乾竺特一統輿地圖之喀楚特中俄交界圖之棍雜實一地也不過譯音之互轉耳 福成因教堂等事尚有須

與法外部商議之處俟坎事稍有結束擬即暫回巴黎并以附
聞肅泐布達謹請
勛安
正月二十七日
法字第九號

論英兵入坎巨提意在謀帕米爾書 辛卯

敬再啟者・英兵入坎・意在謀帕・外部已明明說破・足見彼國處心積慮・著著爭先・不肯落後・若帕米爾一地・俄人讓之・英人取之・無論俄人不服・卽中國亦何詞以自解於俄・而英俄兩不相下・其勢必至搆兵・屆時新疆邊外・必受波及之累・且兩國必有一勝・勝則更難免乘勢侵占・爲今之計・但求英俄各守本界・則中國西邊亦稍免多事・刻下專候印督回電・未知能否就範・卽使此事幸而完結・在我亦宜早設法・自固藩籬・閱外部函告・華爾身有言・與都哥士山北・如中國自能整理・原無須英

人越境遠謀帕米爾正在山北而坎則通帕之道也查中國一統輿圖所載回疆之外分別回部名目凡哈薩克布魯特各種均爲中國轄部無疑自咸豐年間內地多事未遑遠略俄人因於中亞細亞境內盡收諸部英之印度向以阿富汗爲屏蔽其注意防俄者乃在阿富汗以北近年中俄分界旣定英人乃覺阿富汗以東與俄相隔甚近俄稍得勢卽可直窺印度客歲所送帕米爾地圖其是否意存嫁禍抑或冀我之枝梧其閒而俄之覬心稍戢或明知我未必收受然後彼自取之乃爲有辭三者均未敢懸揣但就鄙見測之帕坎兩事似已

牽合爲一。若英知我意不在帕。彼以自籌保護爲言。中國既難力阻。更非口舌所能爭。而坎部存亡。終在不可知之數。然此猶僅一小端。而後患之大者。則不可勝言矣。竊思　鈞署統籌全局。於俄英交涉之情形。既多成案可稽。即新疆邊界之事。勢亦可函電查問。似宜通盤合計。斟酌一大中至正之道。速定辦法。即帕米爾一事。亦當妥籌所以應之。則彼疑竇既釋。可免枝節叢生。或又謂帕米爾以外。如什克南等處。似未必非中國之地。若我但受帕。則帕以外轉皆棄之。而英坐享其利。未免得不償失。然莫如乘此機會。索性與英理論。兼索什克南等處彼若不允則我更有詞矣大抵此等不毛之地收之則猶獲石田去之則慮撤門戶總之兩利相形取其重者兩害相形取其輕者而已矣近者各部落之於中國亦尚喁喁內嚮有不願服屬外國之意因勢利導整頓聯絡未始非策管蠡之見不敢不罄其愚伏乞回明 堂憲爲禱手此再叩 勛安 正月二十七日

與英外部議坎巨提事問答節略

正月十九日申刻偕參贊馬格理至外部晤見尚書兼首相沙侯侍郎山特生印度部侍郎貝雷寒暄畢薛云本大臣昨接到總理衙門來電知坎巨提頭目

近因英兵侵界接戰失利，現率男女五百餘人逃至塔克敦巴什卡外，我總理衙門深爲詫異，請問英國與坎部究因何事起釁，並欲知英國實意如何。沙云，英廷並無欲阻坎入貢中國之意，亦不欲礙中國在坎所有之權，英兵在坎境內修路一條，僅欲保護疆界，不令俄人侵佔，並可保護中國疆界，因疆界若無別人侵佔，英國亦不欲出與都哥士山界綫之外有所舉動，儻俄人於與都哥士界綫上佔一地方，則界綫東之華地亦必被俄佔據，不啻撤我藩籬，中國旣不駐兵守坎，又不爲其應爲之事，如修路築臺等類安能望英人寂然不動不自籌保護之計乎況坎酋所報中國之語類多不確該酋輕慢英員已違條約然我尙能寬恕且此次築路曾明告以欲保坎地並保印度門戶之意彼何得即行招兵以攻我築路之人

薛云坎酋有錯亦應會商

中朝辦理何必操切從事

沙云事機緊迫實不能待

薛云路有若干長築到何處何時竣工

貝云印度政府之意欲築至坎巨提城須察看情形

或竟築至興都哥士山口進門處。以便扼守山口。現此路或已築進去。或已全成。均未可定。

沙云。聞坎部於中國十年一貢。僅沙金一兩五錢。確否。

薛云。中國體卹遠人。向不苛責貢物。是以當時定貢甚微。但係每年一貢。並非十年一貢。貴大臣既云並無阻貢之意。亦不欲礙中國所有之權。請即告我坎酋究如何位置。以便報知總理衙門。

貝云。前此印度總督來信。頗不欲干預坎巨提內政。惟坎酋弑父母。殺兄弟。罪惡多端。斷難勝任。擬立其

子爲頭目但近時尚未接信

薛云姑將此節報我總理衙門俟

中朝之意如何再說

沙云英廷諸事必與印督相商此係前信所云尚非定局但據我看來印督或不至改易前意且英廷苟可合

中朝之意無不竭力

薛云尙有一事須問貴大臣儆處前接總理衙門電報現在滇邊土司時有英國弁兵侵擾此等英兵已越緬界前曾照會貴大臣請速發電駐緬英官及早

禁止未知已電止否。

沙云緬界與土司界總須勘劃之後纔有一定界限。現在英兵所到地方歸何國管轄甚未清楚。但近數日內。英廷已告印度政府轉諭駐緬兵官。辦事不可逆中國邊界官之意。亦不可使中國邊界有不便之處。

薛云。中國亦極願早將邊界分清。以免滋事。但不知貴國何時派員分界。

沙云大約須俟秋間。先派歐格訥往代華爾身再議分界之事。

薛云從前曾侯與貴大臣說明緬甸轄境在野人山左近者不得過赤道以北二十四度將來但照此辦理自易分清界限且係議定之事可免多費口舌

沙云從前歐格訥在北京立約時可惜未將此層載入曾侯前議我亦約略記之大抵此邊所讓之事必由彼邊所讓之事而來若所讓之事未經載入條約必由兌換所讓之事未經讓與之故但我極願互商究竟可讓與否或讓至何處爲止如其可讓英廷向來辦事大方決不計較可以放心言畢握手而散

與英外部議坎巨提事問答節略

正月二十三日申刻偕馬格理至外部部晤見尚書沙侯侍郎山特生印度部侍郎貝雷

薛云本大臣前日將貴大臣所言電告總理衙門昨日總理衙門來電言坎部服屬中國已百餘年該頭目帥有不是亦應會商中國辦理即如近日俄兵游獵帕米爾本大臣電達中國言英廷意欲防俄佔帕我總理衙門即電許大臣告俄外部俄國立刻發電將該弁兵撤回坎部歸中國回疆管轄與帕米爾事同一體俄現不佔帕則英亦不應佔坎請早日將兵撤回

沙云。此次起釁由於修路。請問此路應該修否。假如英國不去修路。中國肯修此路否。我知中國風氣凡緊要邊境。平時並不防備。竟似開門待賊。直至有人經理。偏又出而阻之。我實告貴大臣。坎巨提乃中英最要門戶。可以直達帕米爾。不能不及早經營也。

薛云。我接總理衙門。來文。已行文新疆撫臺。須於帕米爾境內立界牌。修墩臺。常時派兵巡歷。仍須查明實在情形。妥商辦法。

沙云。我聞此語甚喜。只要中國有備便好。但說坎巨提與帕米爾一樣。此卻有辨。坎巨提服屬克什彌爾

已久向聽印度總督號令其於中國不過年例進貢沙金一事爲數甚微似不能說與帕米爾一樣此層我要聲明在先

薛云此事我昨已說過中國不重在貢物而重在體統且坎之入貢在服屬印度之先設使百餘年之屬國一旦置之不顧豈不於中國體面大有關礙

沙云中國於屬國凡有政治大端一切利害並不代之經理此與歐洲各國之事不同歐洲所謂屬國均有管理政治之權

薛云總之英若佔坎巨提俄必再入帕米爾中國斷

無辭以阻之若英專恃兵力則英俄戰爭方始亦未見兩國之利也

沙云我立卽發電與印度總督總須商量妥法俟得回電再以奉告

薛云尚有告知貴大臣者我總理衙門之意萬一坎酋有廢立之事必應會商中國辦理方昭公允本大臣因法國有事不日卽赴巴黎並速候印督回電以憑轉報言畢而散

論爭回坎巨提兩屬體制書 庚寅

敬啟者。二月初三初九日續奉鈞署兩電。嘗經先後電復在案。福成自到英後。已將坎巨提事與外部晤談三次。第一二次情形。前已函達。末後一次。因守候半月。彼未將印督回電送來。不能不再往詰問。外部始終不肯吐一實語。總以印度政府目前旣未商妥。礙難憑空回覆爲詞。揣其用意。良由狃於從前琉球越緬榜樣。彼謂此等極小部落。一被吞併。中國斷不能用大力與爭。若祇爭以口舌。彼更可置之不理。所以一聞派員會辦之說。卽甚不願。慮我從此分其轄坎之權也。乃託言未接回電欲爲併翻前議地步堅執如故且謂外國即辦事遲緩較之中國猶爲快速因詰以華使所行照會亦僅認爲兩屬今英廢立坎酋不使中國與聞兩屬之體何在彼云坎酋更換中國向不遣使册立今忽欲派員恐係創舉答以英忽廢立坎酋亦係創舉辯論一時之久彼始微露其意若中國派員會立坎酋將來不沿爲常例或可與印督相商福成知再爭無益不得不見風收帆允暫回法候信且申明向來坎酋繼立是否由喀道就近派員我不深知日後之事不妨查照向章辦理以昭公允又微諷以坎事尚小若英不還中國體面使

他國視爲榜樣將來遇有中英俄三國交涉之事恐更
棘手沙侯聞之頗似心動頃在法館接英館來信知外
部已送回音願遵前說已發銑電陳明又探聞坎酋實
係惡人不値保護印督現擬於其兄弟子姪中擇立一
人擇定後卽請中國派員會同往立竊思此事選酋之
權隱屬於英在我則僅如告朔餼羊稍存體制然坎之
政權在英實非一日中國因有越緬前事稍欲爭回體
制已若登天之難爭回一分卽保全一分不過求勿損
上國聲名勿使他國效尤耳派員一節如電喀什噶爾
道就近遴委赴坎尤覺途捷而費省且免彼以不能久

待爲詞則事不致中變也鈞署擬將帕米爾作爲中英俄三國不侵佔之地辦法甚善前遣馬格理赴外部微露此意雖未始非英人所願然亦有疑我受俄人之囑者有云三國旣皆不筦終究恐多事者而俄人之能否意見相符亦尚難逆料郎華使樂聞一層想亦須由外部詳審再行定奪在我祇能相機措注遇便調停但就節次而論總須俟坎事妥協之後始能理論帕事耳再目下與英外部辯論之件一滇緬邊事一梅生罪名俱在喫緊時候若件件不放鬆必致件件不得力權其輕重則坎事視二者關係較輕坎事旣可暫作收束鄙

意滇邊之事緊要十倍於坎何以言之滇邊袤延二三四千里環境錯列之土司不下數十每一土司地廣人眾皆數倍於坎英人初倖我不遑與分界乘間派兵迭入土司各境肆其誘脅俾爲兩屬及我致詰問則以遊歷爲名以勘界爲詞蓋西人狡謀先誘我所屬之小邦號爲兩屬及旣兩屬然後劫以兵威奪其權利使我無從插手乃其慣技也今聞普洱之車里孟連諸土司已被英脅爲兩屬矣王夔帥函電頻仍邊警日至竊恐日後非但原議之作爲甌脫地者及撣人南掌之應歸中國者俱爲英有漸且蠶及土司漸且覬及內地大局將不

堪設想。福成是以不憚煩難。擇邊事之確有證據者。逐件與之理論。雖未能顯著全效。或可冀爭回二三。而其不早分界之隱謀。微經福成點破。所以近有欲商分界之說。刻下最要關鍵。似宜由鈞署主持。趕速派員分界。以清轇轕。譬之門戶謹嚴。則宵小自絕覬覦也。以上各節。伏乞回明堂憲酌核。爲禱。肅泐布達。敬請台安。二月十九日

論駐京各使覲見書 辛卯

敬再啟者前奉　堂憲吉字第十三號公函并鈔件敬悉

覲見一節此係各使無理取鬧福成以為　承光殿之見已屬格外優待曲示懷柔若再有後言祗可暫置之不理福成正月間抱病在法未能自赴外部先飭參贊官慶常往告以　鈞署來函大意法外部尚無偏聽為難之處但以年例在邇德國巴使駐華已久當推渠領袖法使無格外吹求亦難獨甘退讓云云迨福成由英回法二月十一日偕慶常往晤外部尚書李寶其語意

尙與前無異茲將面談節略一件鈔錄附寄又有瑞士國女子遊歷廣東一案粵省以無約之國不肯蓋印外部則謂無約之國可請友邦領事保護係各國通行之例斷斷爭論 福成因思中國駐法駐德使臣往來俄奧荷義等國偶或道經瑞士未嘗不用德法護照保護智利厄瓜多等處華民我亦煩英公使領事保護若我力擯此例自立於公法之外尤多窒礙喫虧之處此事似與認法保護別國教務不同若果無甚關係應否速許以省口舌方可於事之大者以全力與之堅持附鈔外部節略呈 覽擬請回明 堂憲酌核爲荷手泐再頌

台安二月十九日

論商立坎巨提新酋書 辛卯

再此次坎事與英理論英雖隱司其柄而面子則大半須讓中國英亦有借重於我之處已算格外遷就惟初議立坎酋之子而坎酋舉族出奔不敢還國現令坎酋舊臣暫攝仍由印督設法招致聞坎酋之子甚幼恐難一定招到現議在其兄弟子姪中招立一人總不出舊酋一家之中惟華員未到以前英人不得先將選定人名說出並請 鈞署電告疆撫或喀道嚴諭舊酋以中國最重孝悌之道該酋平日所爲悖於倫理是以中國不能許其復位現已會商英廷在其家中選立一人云

云不必宣明廢立爲英人之意示若中國之意本如此者則體統益尊矣擬請回明

堂憲察酌辦理福成又

肅二月十九日

論滇緬界務書 辛卯

敬啟者前奉容牋 鈞電以騰越西北沿邊土司報稱英兵游弋邊外已過野人山勢將入境人情洶洶屬告外部速電緬督轉飭英兵切勿越境等情旋即商之外部彼以我電不能指出英兵實到何地爲辭謂印度部不肯發電 福成竊思土司所屬極小地名華洋各圖多未採入且中外命義不同譯音更滋歧異本屬無從查攷曾發漾東兩電略陳梗概旋將滇省來函仔細查核並閱倫敦新報稍知英兵所到地名於是迭發照會與外部理論如隴川土司所屬之漢董有英兵四百踞駐

則請其立即撤退野人山地之薩洞納被英兵攻破則責其不應輒至近邊滋擾已各將洋文牘彙譯漢咨達

冰案外部均以行查緬督爲徐作轉圜之計固未敢悍然不認也伏查英人佔據全緬已七八年聞其密計在遲遲分界欲使我門戶洞開彼乃以派兵勘界及遊歷爲名窺伺滇邊數十土司往來猋忽脅爲兩屬然後徐與我分界各土司旣有兩屬證據一俟有隙可乘彼卽以兵佔取再閱數十年後土司之存者幾何土司盡而內地亦告警矣此其狡焉思啟之故智也福成頗窺見及此故於野人山地各事不憚悉力與爭春初因坎

臣提事赴英之便復與沙侯商論兩次微示以滇緬若未分界則商務斷難開辦彼既欲盼通商之利又自覺機謀漸露知我未必竟墮其術中於是毅然有劃界之說送到節略一通附圖一幅彼時坎事相持正急未暇詳細攷覈日內始擬一節略覆之檢查舊卷當英兵進據緬甸之初　鈞署疊電有展拓邊界之議英人亦自以驟獲全緬已饜所欲曾慮敵乘其有願讓之意遂與外部議定節略大致讓我約有三端一普洱西南邊外之撣人南掌各地均歸中國一大金沙江上立一中國碼頭一大金沙江爲兩國公用之江俾中國船可行走

出海又野人山地在二十四度以北者昔時本非緬地應俟滇緬劃界之後另由中英兩國會勘劃分此一端則我有此議而英人亦未駁復者竊繹 鈞署展界之意豈不知邊外磽瘠之地收之無益誠以界不稍展則彼之鐵路直抵沿邊各土司被其侵逼而無甌脫之地以關之必寖受彼誘脅後患甚巨故拓之所以固吾圉也迨 鈞署與歐格訥議約五條似以兩國派員會勘一語括前數端在內或因罷去西藏遊歷一節稍有更換亦未可知然此數端於滇邊大局關係甚重觀於外部所送節略反欲我將滇邊讓進一層則我之不能不

堅持前説更可概見總之邊外隙地如搟人野人等種類不齊所有翡翠玉石紅藍寶石琥珀金剛鑽之屬礦產多出於此我視之爲棄壤彼視之爲寶山我得之固無甚裨益彼得之則獲利無窮然我得之以屛障諸土司俾其地不與強鄰犬牙相錯則無用之用爲用實大蓋此等地在百年前得之猶獲石田今則恃有石田環其外而膏腴之地方可任我安心耕穫此形勢之自然者也且此數端爭之亦未必全得然有明知彼甚欲之而我故靳之繼乃相機度勢徐讓一二以調換他項之利益如是則棄之亦不徒擲通盤計算或能爭得十之

六七當於滇邊大局有裨・福成所以先答外部節略・一一援照前案聲明　鈞署難允之意・則將來更易措詞・但條約中並未敘入彼必藉端辯論・不得不徑以漏敘告之・明知當時或別有調換之處・或因有他事牽掣未必定係遺漏・然使竟如此次外部劃界節略・則是中國既失緬甸於前・復蹙滇界於後・殊覺喫虧已甚・今欲與之爭論・必須援引前議・方能得勢・欲解條約未載前議之故・必以漏敘爲詞・方可著力・且此間卷據較齊・人證具在・料外部亦難盡翻舊說・馬格理亦云・譬之購物・此次外部節略係是第一次討價・彼亦將視我還價以爲

進退。福成恐彼希冀一生。較難應付。是以不待　鈞署之裁示。輒先告以難允之意也。惟外部派歐格訥來華。似有深意。聞須秋初起程。其人精明彊辯。過於華使。且係原訂條約之人。萬一堅執不肯稍讓。或假託外部之意不允通融。則屆時易致棘手。儻由　福成　徑商外部。則中間先少英使一層之隔閡。或稍易於磋磨。福成　因在洋不服水土。俟到冬底期滿之時。亟盼趕早交卸啟行。回華調理。儻此函到時。　鈞署欲乘歐使未到之先。豫爲措注。應請斟酌機宜。或函示。或電示。並明告華使以商議界務一事。已交　敝處　辦理。則外部亦不能見拒。福成尚有半年工夫可與外部妥商外部如能就範固善即使堅持不讓冬間必已定局再瀆亦自無益竊料此事歐使若不從中阻撓外部自少扞格如能爭到得半之數或更有進於此者福成自當相度情勢遙承 指示爲見風收帆之計但能將大槪規模先行商妥即歐使到京不過再商詳細節目彼自不能要挾 鈞署亦不致爲難抑或索性俟歐使到京由 鈞署一氣與之妥商亦請示知大略福成尚當檢鈔舊卷之緊要者咨送以備查核除野人山地事已另案議辦外茲將外部往來節略各一件外部所送地圖一幅附寄伏乞回明

堂憲定奪。爲禱。外部洋文地圖。茲已譯塡漢文。並將古今地名。略爲攷證。而英人前所議讓之地。及今所欲進佔之地。形勢似尙淸晰。肅泐布達。敬請台安。三月初四日法字第十一號

論會立坎巨提新酋書 辛卯

敬再啟者坎巨提事已詳法字第十號函續奉　鈞署兩電華使所解後不爲例語全係臆說然若不加駁正彼必執爲把柄將來又多波折　福成　前與沙侯所論此次廢立坎酋事屬非常必須由中國派員會立新酋以作兩屬之證至於尋常繼位是否由喀道就近派員須查照向章辦理如向係派員則仍派員向不派員亦不因此次派員而援爲常例萬一再有廢立卽係非常之舉非但必須派員且必須會商中國無疑矣華使忽謂坎再鬧事英自辦理中國不能過問似係有心朦混因

函飭馬格理赴外部申明前議。並詰以華使誤解之語。山特生云。外部發電。並無此說。想係華使誤會。然將來中國援別理以爭會立坎酋之事。外部無阻止之意。何必多慮。惟尋常繼立。照向來同樣辦理。印督已電駐坎之英員探訪呈報等語。立子一節。並中國派員未到。不得說出所立人名。業經再四申論。外部均允切實電商印督。貢金賞緞。一切均照舊章。總之英人狃越緬前事。謂一經吞併中國。即不能過問。此次坎事。尤忌我之插手。動以中國向不管坎事爲詞。儻彼竟置不理。殊難以口舌與爭。福成不能不相機應付。委曲求全。以派員到場會立新酋暫作收束保全兩屬面子僅稍勝越緬事一籌耳雖較之會辦字義爲稍輕然當時若再與爭恐其併翻前議據山特生稱外部勉囑印督轉圜甚費周折似非盡誑語帕米爾事尚未與議聞外部之意似欲我先與俄商定耳再頌

台安　三月初四日

四論添設香港領事及英派員駐喀什噶爾書辛卯

敬密啟者前在巴黎接奉吉字二三四號　堂憲鈞函謹悉壹是三月廿五本月初一初六等日疊奉三次電示　敝處發有三電布達大意想均登　籤記矣　鈞署來電之意欲將喀員港員兩罷以作收束自因華使言香港領事請派稅司又謂英廷不發准照致有此議然與外部現商情形實已不符電文簡略易致誤會茲特詳陳之溯查喀事發端係在去秋七月其時　敝處添設南洋領事一層尚未咨照外部迨後外部照復允准始又明提香港一區已在十月以後與喀議絕不相涉

福成秋冬之間疊次布函俱謂兩事分開各辦即與外部言港事從未一語牽連喀事在內不過因彼意有所求隱相抵制並非顯爲互換之局此次若因喀事而罷港議不獨喀事能罷與否尚無把握而港員之設原據萬國公例而言且暹羅日本皆已有香港領事而中國獨無之英人亦自覺其不情所以不能不允今既得而又棄之轉覺難以措詞若明言因喀事難在應俄牽連而罷則恐更着痕迹邇來兩國相交有不妨揭其隱情以告人者有不宜露其隱情以示人者即如華使來言喀事固可明告以難在應俄藉索應得之利益兼以示

德於彼若以咯事而至願罷港員使英人謂我意在親
俄則必以忌俄而敵嫌謂我意在畏俄則必以輕我而
變計 鈞署慮及俄之見猜亦宜防及英之生隙大抵
港議之成由於英廷明示睦誼客秋華使請喀城設員
鈞署以香港之事折之實已握其肯綮俾英人有歉
於中而激其先施之意者未始不因乎此然沙侯以宰
相而兼外部位尊望重左黃之派滋坡既有復文允准
在先今我忽欲罷議於後在我固失其權利在彼亦失
其體面以後遇有交涉之事恐難和平商辦勢當較前
棘手諒 鈞署必不願有此反覆籌思祇能抱定原議

責其不應將港咯兩事牽混致華使在　鈞署曉瀆外部此次辦事亦尙大方不欲顯露抵制之形業已電飭華使勿阻港事此事因福成馳赴法義兩國留住數月不能兼顧遂生波折費盡氣力與之理論始仍以辦妥港員爲收束然已舌敝脣焦矣至於試辦一年之說福成初亦疑其卜咯事成否旋聞香港總督不願中國在彼設員轉謂華民多所疑慮有函到其藩部茲外部已商之藩部函勸港督勿稍梗阻并云以試辦釋華民之疑且爲港督前議轉圜又據侍郎克蕾面稱決不因咯事而圖抵制但使年內華民不與領事爲難領事不侵

英官之權。即係長局。從前新嘉坡開辦之初。亦云試辦。久而相安無事。即以爲常。蓋華民之喁喁慕義不至滋事。實有可豫必者。請紓 廑慮。交犯一層。須領事官設定後。察看情形。方可妥議章程。此事自有公法。不必預提。且所關不僅香港一區。不宜於此時添入。多費筆舌。准照一層。英章與美國不同。必須奉有
諭旨。始給文憑。外部電告華使。亦如此說。現惟靜待電傳奉
旨日期。即可請發准照。飭左黄前赴新任矣。竊思華使以港喀兩事相提並論。致多周折。似非盡出外部初意。

或因赫德近在咫尺就與商議作此狡獪亦未可知九龍稅司兼辦一層既與外部申說外部亦不謂然蓋華使既欲用稅司斷無不與赫德籌商而先自開口者況赫德意在攬權彼既聞有此事恐不免挾私指使另生枝節倘祈 鈞署隨時留意為禱刻下喀事既言明與港事不相牽涉則操縱之權自在 鈞署儘可從容商辦談笑應之 福成竊觀近年中外交涉大局似有轉機歐洲諸大國頗思結好

中朝引以為重中英交固則俄益重中國中俄交固則英亦重中國英俄雖互為猜忌旦夕亦未必有釁其視

用兵極爲鄭重各報館播弄筆墨臆測之談未可盡信竊謂中國此時正宜兩利俱存於投桃報李之中寓鑑空衡平之意則柔遠綏邊中外蒙福矣愚見如此伏乞

囘明　堂憲裁示爲禱除俟將修約各事另函續陳外肅泐密佈敬請　勛安　四月十二日

英字第十四號

論英員駐喀偵俄書辛卯

敬再啟者正在封函接奉吉字第五號　堂憲鈞諭敬悉種種港員既允喀事亦難終拒　憲意極爲持平西陲逼近强鄰得英牽制亦可戢俄戎心尤爲不刊之論無任欽佩蓋交涉權利撈到一分卽得一分之益前者港員機有可乘未便逆料其別有所求而拒之不受現

敝處已與外部論明不能將港員喀事兩相牽涉則鈞署應付此事尤可操縱自如第念英廷既力顧邦交則中國不能不答其好意將來應允之時稅則一端固爲易辦准照一節亦似不難福成初回倫敦之時聞外

部以早允滃員有自悔失其把握之說因念英廷既意在偵俄乃告以派員游歷常住喀城亦可偵探而於事更無痕迹不致啟俄猜嫌外部始以實情相告謂現有游歷之員在彼由 鈞署給與護照前往福成因謂如此則同一偵探何必更請設員多費周折外部亦遂無辭但平心察度彼既先施於我恐未必遂能忘情鄙意俟其再來開議之時 鈞署當諭以虛設領事與派人游歷常住有何利益分別因告以如允設員此後亦仿西法凡設領事須中國給予文憑方可作准即以此次喀城之事爲始并告以英國既允將推行各國度華使

亦不致爲難而納稅一層已有端倪在先。祇須臨時一提。不必多費議論。是兩端利益。或尚可兼而有之。即使僅得一端。而我據以明告於人。則各國無從援照。俄人亦不啟嫌疑矣。福成 因昔年舊約喫虧之處頗多。如能相機乘便。逐漸收回利權。未始無裨。似未便逆料其不允。過於持重。坐失事機。此事當由 鈞署主持。福成特竭其一得之愚。用備芻蕘之採。并乞回明 堂憲是否可行。裁示爲禱。

論辦理教案書 辛卯

敬密啟者。五月二十八日接奉鈞署來電。謹悉壹是。敝處於本月初二初五日發過兩電。知已早經鑒及。福成接電之後。當日即赴英外部詳達鈞署之意。外部副尚書克蕾初聞辦法。似已滿意。且云緝犯既嚴。再議賠償。即可了結。越數日。侍郎山特生又稱有一天主教之公爵及威妥瑪相繼到署。謂中國不認真辦理。則法人不服。必糾合英德兩國多生枝節。且教門力量較大。足以鼓動議院。屆時外部亦無法阻止。察其詞色。似因接在華英官文函。又稍蓄他意者。當即相機與之剖辯又據駐法參贊官慶常來稟言往告法外部據外部之意祗在嚴防未來不在苛懲既往所言極爲近情越數日又稱有法兵官自中國發電到巴黎謂此次滋鬧係有會匪煽動中國官員束手無策勢須彼國自辦云云此係彼族恫喝長技若欲藉此啟釁者然我自審辦法不錯豈能盡如彼意彼固無如我何也福成現又函致該參贊以目下平靜情形告之矣竊查西人傳教雖條約所許而數十年來民教不和勢同水火終非久計似宜俟全案清結之後借此事爲由與之理論設法挽回即如中國與美立約明言待中國人與待最優之國

無異及至華傭在彼種種不妥即云有礙於其地方平安初議立法限制繼竟禁絕不許登岸若執條約而言大相逕庭而彼竟悍然行之中國不能責其違約者以民情之所不便條約可得而變通也且近日德法義奧等國於教民限制約束與二十年前大不相同彼在本國則禁約之在中國則縱庇之亦甚不合於公法福成愚見此次拆毀教堂之案幾近十起之多初疑有會匪暗中鼓煽繼思民情憤激亦概可想見必其平日有恃教欺壓情形蕪湖並無殺死教士必須擬抵之事業已正法二人辦理非不從重而彼國公使猶在　鈞署嘵

瀆是直一味蠻横而已猶憶同治庚午年天津案結之後當時　鈞署曾議辦法八條照會各國公使旋聞各使相約駁回其議遂罷實則此等情形若令彼國外部詳知未必盡以各使爲然刻下中國旣有使臣駐洋與彼外部可以和平商辦非復如前隔膜竊謂此次案結之後或仍將庚午年所擬辦法八條或量爲增損由
鈞署行文來洋囑使臣照會外部稍改前約妥籌辦法但抱定民教不和有礙地方太平立論不過多費筆舌儻稍能就我範圍所裨甚大卽使竟難依允而我先自立腳萬一再有民教不和之事轉足關執彼族之口似

亦相時補救之一道也查西國通例遇有此等案件大抵命意重在賠償不在多誅兇犯竊謂除人命緝兇擬抵外其餘各案若僅愚民逞忿旣許賠償似當堅持定見不允株連庶可固結民心至此中如查出會匪實在蹤跡固當嚴辦乃自治之道如此其迹雖因教案牽涉其意實不與教案相關也再威妥瑪居鄉家食已久素不出門而精神甚健前日忽聞親赴外部頗以中國教案迭起有慫恿藉端挾制之言似有覬覦復出之意果爾則以後辦事又將棘手福成尚須設法措辭以解外部之惑以上各節伏乞回明 堂憲裁示爲禱專肅布

達敬請勛安 六月十一日 英字第十七號

出使公牘卷之四

無錫薛福成叔耘

書函　致總理衙門總辦

論英兵焚殺野人山寨書 辛卯

敬啟者。本月十一日肅布英字十七號函。想達籤記。敝處於五月二十八日接奉鈞署三月二十九日吉字第七號堂憲公函。并鈔示滇省督撫咨文一件。謹悉壹是。福成查騰越鎮所禀野人與英人互相焚殺一案。其地是否係中國土司轄境。並未申說明晰。但稱隴川與緬甸分界。係在洗帕河。麻湯在洗帕河以內。洋人所焚之三寨尚距麻湯五六十里究竟野人殺斃洋人之處及洋人焚寨之處是否在洗帕河之內抑在河外此係緊要關鍵亟宜澈底根究查出實在地址使館無滇界精確地圖而相隔過遠倉猝難以查攷因思此處野人若果係中國土司轄境則有殺斃洋人多命彼族或未肯甘休我一提及轉恐惹出枝節若我明知此事而視爲無甚要緊恐其指爲緬屬舊境視爲己有不但將來據爲分界張本或彼邊吏藉端嘗試滇邊從此多事皆在意中所以此時照會外部必須斟酌盡善至騰越鎮所禀洋人在該土司境內繪畫地圖及普洱鎮巡

南道所稟委員刀丕文遇見洋官踏勘緬屬地界各節大抵皆預為將來中緬分界起見洋人到處用心凡事必占先手此其長技福成正月間所陳滇緬界務一摺謂我若不求展出彼或反將勘入即已慮及此層前據遊歷八員姚道文棟密報英兵屯駐新街為剿撫野人山之計果爾則騰越一隅愈形侵逼鄙議所以欲及早開談稍留甌脫以界隔中外也英員不請中國給發護照楓至中國所屬土司地方於理亦屬不合洋人性情我若準情據理直指其失轉可使之折服福成已於本月初五日照會英外部告以近來英兵遊歷中緬交界

地方有未合常規之處請英廷諭知鎮守緬甸大員如有遊歷人員欲往中國地界者必須先行知會給發護照以便保護儻兵丁等遊歷邊界者不得准其越界免滋事端并以英緬相距路遠囑其從速電知鎮緬之員而於野人洋人焚殺之事暫置不提俟查攷明確如有必須理論之處不妨補行照會如此庶較活動昨已接到外部照復允爲迅速查辦除另備公文譯鈔往返照會咨呈　冰案外所有以上情形伏乞回明　堂憲爲禱肅此布達祗請　勛安　六月十八日

英字第十八號

論長江教案書辛卯

敬再啟者六月初九日接奉　鈞署來電教案除七起外又如皋毀堂三十餘間南昌拆華教士房一進現各省嚴防尚安靜惟武穴已誅正兇二人而英領事意在株連並欲罪及印官多方作難尚未提及䘏償等因除函飭駐法參贊慶常往告外部俾免著急並勸李梅暫緩回華外因思英外部前聞威妥瑪之議頗勸藉端挾制儻該領事再唆華使華使或聳外部又將多生枝節不得不先事豫防爲釜底抽薪之計乃告外部侍郎山特生以教案已共誅四人獲犯數十人即武穴亦已誅

正兇二人此等案件雖在西國恐辦理亦不能如此之嚴且速而領事意在株連不欲了結實所不解且當教案初出之時中國不待各國催問辦理格外從嚴今地方業已平靜辦法亦無可復加領事雖欲苛求中國亦不過如是而止蓋凡事自有一定繩尺也威前大臣所論乃中國二三十年前情形與今日已格不相入矣山特生云中國向來事急之時則拏兇犯事緩則仍釋去所以公使領事不能不爭答以所拏之犯姑置勿論今教案已誅四人死者不可以復生矣且英國向遇教案向稱公允因教案而喜多事者乃在法國此次教案除

武穴外以法教堂之受損爲多而多方作難者乃在英領事何也山特生云蕪湖英領事館亦被滋鬧答以此因法教堂而波及究係略受虛驚並無大損山特生云英之貿易在中國者最多公使領事意在保護商務故欲嚴懲教案以儆將來答以從前法國教案辦理常失其平中國民必積憤愈深所以日久不能相安一發不可復遏凡事未能持平者往往激變譬之救火非以遏其燄正以揚其燄也山特生云威大臣謂法國必借此案大得中國便宜是以英國不可落後答以我接中國電報後函飭駐法參贊往告外部尚書李寶李寶謂中

國辦理如此認眞甚爲感激並無他辭則威大臣之言似看錯矣山特生聞言色動乃舉筆記之且云將轉達沙侯或當電致華使俾止領事云云刻下是否議及郵償能否一律妥結至以爲念再頌

勛安　六月十八日

論外國領事宜由中國給予准照書 辛卯

敬再啟者，正擬封函，接到　鈞署來電，謹悉武穴已誅正兇二人，英領事倘意在株連，多方作難，揣其情不過知償卹一層，非中國所難，視爲勢所必得，是以借端盤旋作勢，或別欲肆其奢望，或仍歸於多索償卹之費，均未可知。福成思蕪湖、武穴兩案，已誅四人，辦理不可謂不嚴，而公使領事尚思無理取鬧者，則由該領事之設，不由中國給予准照，雖肆行無忌，中國不得而撤去之也。領事以無厭之求唆公使，公使以無厭之求瀆　鈞署，實則彼國外部絕未聞知，成則公使領事以此居功，不成彼無所損此數十年來受外人欺侮之積弊言之可爲太息者也。福成前議中如允喀城設員必商明英外部此後亦援西例須由我給予准照權其得失所益較多。鈞署二月十七日堂憲公函亦謂港事就緒喀員勢難終拒而亦歸重於給發准照一層刻下港員之設未審鈞署已否覆奏近日華使曾否又來提及喀事。敝處聞華使現將任滿威妥瑪希圖復出儻鈞署以喀城駐員無甚大礙或及華使任內與之妥商援照西例收回中國給發領事准照之權得從早辦成最妙儻慮一時未必就範或逕將此事交敝處與外部熟商亦無不可福成為領事蠻橫不得不思駕馭之術起見總之交涉事件應挽回者甚多然欲挽回一事不能憑空如願必須有所抵換夫抵換非盡不可行在權其利害之輕重耳喀城設員充其究竟不過通商然通商亦於我無大礙 公函謂得英牽制亦可戢俄戎心未始無益實洞見癥結之論亦持平切實之言福成既有所見不敢不再三煩瀆亦並無迴護前說樂於多事之意港員一節略而不論可也伏乞回明 堂憲是否可行裁示為禱肅此再叩 勛綏 六月十八日

論帕米爾情形書辛卯

敬啟者，昨英外部侍郎山特生送來節略一件，并地圖一幅，言上年七月所談喀什噶爾邊外帕米爾之地，英廷派兵官楊哈思班至彼處游歷，詳細測繪形勢，審定界綫，現將梗概報知國家，英廷之意原因該處係回部游牧舊地，既未屬中，亦未屬俄，而與阿富汗逼近，是以初擬會同中國勘明，分轄其地，以免俄人得占先手，致與阿富汗有損，頃據游歷官楊哈思班云，曾詢喀什噶爾道員，當時喀道答以帕米爾係中國地界，詢其以何為憑，則云西邊界上有大石，上書中國某年某官帶兵驅逐叛回至此接仗獲勝此即中國地界之證楊哈思班云此尚不足為憑緣帶兵接仗之事不必定在界內也外部又云英廷本無利此土地之心既據喀城道員認為中國轄境亦屬甚好但須及早豎立界碑或時派兵四五人在彼巡哨見有遊歷者但詢問有無護照毋須攔阻俄人知其地屬中國方不萌占據之意茲將勘明該處地圖及註中西地名字樣移送中國一分以表英廷睦誼但事須秘密不便備具公文或致漏洩招俄人見怪是以函交本署參贊官馬格理由福成轉呈鈞署察收云云竊思英廷派員至喀遊歷探察地形蓄

謀甚深徒以喀城道員認爲轄境遂不復萌他想且將地圖慨贈是其志在聯絡中國謹防俄人顯而易明似無惡意惟 福成 檢查洪文卿侍郎新譯中俄交界圖帕米爾部落係在中國界綫之外亦非俄境所屬但既據英官稱喀道認係中國轄地而英廷亦非定欲中國派兵駐守但願我始終明認勿使他族生心而已相隔過遠此中詳細情形 福成 無從遙揣應否由 鈞署密致新疆巡撫轉行喀道迅速查復籌定辦法以便 敝處轉復外部伏乞回明 堂憲裁奪爲禱所有山特生致馬格理函一件秘密節略一件一并譯呈又將來圖照樣

摹譯一分。隨函同寄。因原圖係洋紙。易致碎裂。不便封遞也。肅泐敬請

勛安。七月二十三日

譯英外部侍郎山特生致參贊馬格理密函 英字第二十號

敬啟者。頃奉沙侯命。飭送節略一紙。內言中國與阿富汗在帕米爾交界之事。祈即轉呈

欽差查閱。作爲秘密文件。是爲至要。此請台安。山特生謹啟。

譯英外部秘密節略

中國使館英文參贊昨在外部。談及兵官楊哈思班。到帕米爾平原荒地探路。並到喀什噶爾遊歷各節。欲請將印度政府所以派楊兵官前往之故。明白示

知以便轉稟中國　欽差當時已告知該參贊派楊兵官前往一則考查是處與英國邊界相連地方之地理形勢一則考查該處地方官暨居民等有認定實在界限能指明何處屬阿富汗何處屬中國與否因阿富汗國王與英國交際情形英廷視爲甚關緊要故總據楊兵官稟稱查悉舊有界限足備考證之用此界限自穆司搭格嶺及因都庫什嶺（志略作興都哥士山）兩山毘連不遠之處起有一大山嶺可以畫分南北南爲音達司窪地北爲葉爾羌與阿克蘇河自此山嶺起由克里克山口而西其分六段今列如左

第一段·以水流入阿克蘇河之兩枝河爲分界·一西流入噴赤河·譯作阿布噴治一東流入阿克蘇河分開小帕米爾爲兩段·

第二段·自大帕米爾北相離不遠之處起·以水流入噴赤河及阿克蘇河爲分界·至大山嶺·隔開大帕米爾與阿爾楚爾帕米爾而止·以上兩段界限·英廷可以認爲定界·

第三段·向西而行·以水流入大帕米爾湖及葉西庫爾湖爲分界·葉西庫爾爲棍屯河之發源處此界經過布才拱巴什·以哈爾果什兩山口·至相近哥意德色一譯科衣帖色山口

爲止此段界限亦甚明晰
第四段經過以上所說哥意德色山口相近處以水流分界後往北直行向樹屯河或阿爾楚爾河下游處經過葉西庫爾湖之下再折而往北斜行直上仍以水流入阿爾楚爾及穆爾格布河地方爲分界再從帕米爾高地遠望什克南低地此段界限雖無天然形勢不甚淸楚然亦足備行事考證之用
第五段折向東行以水流入阿爾楚爾河及穆爾格布或阿克蘇河爲分界過橫（譯作王奈）山口至察提爾塔什之北一處爲止

第六段自以上某處起往下直入穆爾格布下游至梅丁一譯作瑪地安之下再由此處轉而往北復上行以水流入麥爾格比江之二枝河爲分界至俄人所稱爲俄國邊界相近阿克拜塔爾河源某處爲止

以上所開界限圖說並觀便知詳細此圖已交馬參贊此次所開界限未審中國政府以該處所轄邊界認爲相符與否英國之意認此爲無悞儻中國亦以爲然希即示知即當知照印度政府遵照辦理可也

一千八百九十一年八月十六日自英外部衙門發

再論長江教案書 辛卯

敬啟者八月十一日接奉六月十九日蘭字第四號
堂憲公函敬悉各教案起事緣由十五日又接到 鈞
署來電當即詳告英外部并飭駐法參贊官慶常告法
外部已於十七十八日將問答大意摘要電復在案茲
再詳晰陳之查此次未接來電之先外洋各新報譏謗
之詞不勝枚舉大略謂中國始終毫無振作視
上諭爲具文政令不行於四境照約保護一層各國不
能相信英國則以宜昌新案之故屢接公使領事等電
稱大局岌岌請速添派兵船來華并問赫德致畢稅司

函亦有中國將大亂之語。是以各國外部聞此信息。咸謂此事於歐洲全局有損。必須添兵到華。合力自衞。據駐法參贊官慶常稟報。本月十四日。法外部李賓約往面談。聲色俱厲。大旨以中國不能竭力保護各公使。將與鈞署絕交云云。并有節略一件。譯出寄來。自接到寒電之後。復電飭該參贊往告外部。詳加開導。外部意似轉圜。而仍以未提杜絕後患一層爲言。該參贊答以此係中國分內應盡之責。不必另提。外部意始釋然。已允會同各國籌議。並電囑李梅和平商辦。此法外部近日情形也。十六日。福成晃見英外部山特生。詳述電意。因詰以各使在華所請辦法不外四端曰緝犯劾官賠償及保護將來今中國於緝犯劾官賠償三者既一一辦到至於保護將來中國無不盡心竭力且須從容詳議不知各國何尚如此紛紜山特生問電開各節尚無挑剔惟云可惜辦理太遲又云現在駐華各公使方聯名稟請各國政府求添派兵船自行保護此事應候各國政府核奪稲成謂此案以英法爲領袖法又視英爲轉移中英近方輯睦自應爲念交誼妥籌善法山特生以沙侯現尙避暑在外必須轉告方可照復旋於十九日接到復函謂沙侯之意中國果能力任保護不再出事

端英國當與各國妥商辦法再行函告此英外部近日情形也大抵英法兩國均注意防範將來杜絕後患為第一要著英重商務甚於法之重教此次人心惶擾英商受累較多故英法始終一氣驟不可離刻下法允與各國籌議英亦允與各國妥商善策似已漸有轉機但求不再出新案可冀平安無事惟各國公使於 鈞署則惡語相加於本國則危詞聳聽不但無消弭之意并有挑釁之思其用心殊為可惡此次九國聯幫勢盛謀狡尤覺棘手祇可暫示包荒以柔其氣相機應付以戢其謀且各國外部於公使亦多袒護即如英法外部往

往經 福成 詳告之後意似豁然及一接彼使唆聳之詞則轉疑 福成 前言爲不實蓋其信中國使臣之言自不如其本國使臣之言此外洋辦事極難之處求其機括惟有 鈞署平日接待各國使臣妥爲駕馭加以聯絡儻能使集泮之鴞懷我好音或亦省事之一道也兹將法外部問答節略二件節略一件 敝處答復節略一件英外部問答節略一件復函三件一併鈔呈伏乞回明

堂憲爲禱嗣後情形當俟陸續奉告肅泐敬請 勛

安 八月二十二日

英字第二十二號

論分派兵輪保護長江口岸書 辛卯

敬再啟者。前閱外洋新報謂此次沿江上下滋事之時。正值北洋閱看海軍。所有南洋兵輪盡數北行。以至會匪乘閒而動。甚有稱蕪湖四月出案。在前閱兵之期在後。不應拘泥前說。再調南洋之船。謂係中國不肯實心防範之明證。彼族强詞奪理。壹意吹求。大抵如此。及聞各國公使領事。迭次電請添派兵船。謂由中國不能力任保護之故。昨晤山特生。亦云六七月間不再滋事。乃彼各國分派兵船鎮守。極力彈壓之效。方悟前報所言大局可危。實因今年鬧事之處過多。西人驚心風鶴。顧念身家不免視此事太重彼既視之太重動輒疑我視之太輕遂有因懼生忿之意又聞六月間丁軍門帶鐵艦七艘駛往日本遊歷雍容於槃敦之間西人謂值此人心紛擾而我海軍不爲保護顯形藐視益滋藉口福成謂成事不說且我之辦法亦豈能盡如彼意惟東遊之事既畢兵艦正合用之時北洋之艦尤多於南洋若分派南北洋兵輪巡駐江海要埠顯示保護隱寓防維且杜彼自護之說俟一半年無事洋輪逐漸撤退即可與議善後章程是全案轉圜在此結穴亦在此惟閩北洋兵輪喫水較深不能入江或者沿海各埠北洋兵輪

任之沿江各埠南洋兵輪任之似亦變通盡利之一說而其樞紐則仍在　鈞署籠絡各使使之就範各使非盡虛言可動事之較有實際者其在分派兵輪保護之一說乎計此函到日或者大局已定萬一尙有紛擾彼所注意專重在杜後患一端福成　旣有所見不敢緘默伏乞回明　堂憲裁示爲禱肅此再頌　勛綏八月二十二日

論仰光及加里吉打埠宜設領事書 辛卯

敬啟者香港設領事一節英外部答允於前華使阻難於後以致九仞之功虧於一簣事機不順良可慨惜鈞署覆奏囑告外部以試辦一年之說中國未能滿意看其如何答復竊揣執定原議與之磋磨不難變爲常局惟港喀兩事雖可不相抵換而彼族注意在此我能令其全允港事若欲保其不再提喀事似無把握則屆時仍費 鈞署藎籌似不妨暫置不提留爲後圖 福成所致慮者從前西洋各邦向不以公例待中國客冬外部答允中國於英屬地通設領事其來文之意甚爲堅

決非若香港新金山兩處尚有須審量之語無非明示睦誼意在結歡是以外洋新報多有忌中英之親睦者我能乘此機會多設幾處領事即可證明英廷允照以公例待中國之券且可據爲照商他國推行張本亦可爲抽換舊約喫虧之處張本所關係者非僅一時一地已也刻下香港如作罷論而新嘉坡係原設領事之埠雖永改爲總領事究無顯然添設確證日久恐其狡變漸翻成議查英屬仰江一埠亦號爲南緬甸華商不下五六萬人東印度孟加臘之省城加里吉打埠志畧作加爾各搭尤多殷實華商此兩埠華民之多均在新嘉

坡之前本年春間有德國隨員姚守文棟呈請游歷印緬地方福成札令順道探查中緬交界兼察仰江商務情形曾經咨呈冰案旋據該道稟稱華民在緬不獨受英人淩虐兼受緬人欺侮沿途環訴叩求稟請設官保護又聞升竹珊星使去年由藏赴印有閩廣巨商環求籌設領事竹翁許以相機留意現據姚守亦稟稱該處殷商不少貿易頗旺自應一例添設且該處係歐人東來孔道又與西藏邊外相近萬一印藏有事該處有一中國官員可通聲息裨益非淺福成現擬籌設此兩處領事以爲英廷答允中國在英屬地照公例通設領

事之券。不致異時變易前說。而英人視之。亦非如香港較爲鄭重。更不與他事牽涉。惟必須先與　鈞署函商妥協。方敢具摺上陳。至港事雖暫不提。並非永罷。如一二年內事勢稍變。亦可再議。伏乞回明　堂憲酌奪示復。如謂該二處無須添設領事。仍應將港事辦妥。福成亦即遵照也。專泐布達。敬請

勛安。十月二十一日

英字第二十五號

再論滇緬界務書 壬辰

敬啟者。四月十九日接奉　鈞署來電。敬悉壹是。瑞士女子遊歷電粵准行。此係通融省事辦法。但當示以顧全睦誼起見。自主之權。實在中國耳。帕米爾事初因英外部沙侯出遊未回。是以稍緩開談。帕部舊係中屬。英既送圖於前。俄亦撤兵於後。在彼兩國。皆有不能侵佔之證據。今中國既願推而勿有。與兩國共之論。理當無窒礙。探聞英廷已飭駐俄英使先自與俄外部商論。英俄各須派員赴帕察看情形。再與中國會商。是定議須在明年矣。滇緬邊界一事。據山特生云。印度部各員見福成所覆節略援案索取三端利益意不甚以爲然至外部於劃界之事擬令華使在　鈞署商辦竊揣其意或恐福成固執不讓勢難全拒姑令華使先探實在消息稍作宕筆仍待歐使到京之後俾其一手始終經理則此事須在　鈞署收束者乃一定之理勢鄙意彼即狡詭百端我當一成不變查閱舊卷當日英人所以許此三項利益者實因　鈞署之意重在索還八募貿俟據此立論故彼意既不將八募讓還則此三項亦足稍爲點綴用示睦誼刻下事移勢易彼族審知中國現無展界之心是以決計將前議置而不論但欲乘機進取

大抵外部初意未嘗不欲顧全大局而英之疆吏則一味以進取爲功外部仍察度彼我之情勢苟可俯順疆吏之意亦未始非其隱願今我若不執前案與之力爭則彼勢必以上次所送節略地圖作爲定本恐滇邊界外各土司自此將悉爲英屬矣竊謂此事無論在外洋在 鈞署開談總以抱定展界舊說與之堅持爲要即令此數端未必全得或得一二端或另得他項利益以相抵換亦未爲不可譬之逆水行船必力爭上游透過數步則從容放棹之時乃可適如吾意所欲住之處此案能辦到以稍展滇界爲歸宿庶可保全附近滇邊各

土司否則彼得步進步恐未必能容我安守舊境也日內擬將舊卷中緊要之處擇其可據以執辨者摘鈔數件具牘咨呈　冰案以備查核伏乞回明　堂憲裁示爲禱肅泐布達敬請　勛安四月十三日

英字第二十六號

再論帕米爾情形書 壬辰

敬啟者。四月二十四日奉到　鈞署來電。敬悉壹是。業於五月初二日摘要電復在案。帕米爾之事。福成月前會晤沙侯。以三國各不佔之說告之。沙云既作公共之地。辦法諸多窒礙。緣帕部人才物產。不能為自立之國。設或有似生番劫殺之事。究歸何國承辦。何國管理。福成答以自應三國會同辦理。沙云如此必多意見不合。易啟猜嫌。從前歐洲常有此種地方。此種辦法。終無有能善其後者。福成直告之云。帕地孤懸。三面不易設防。如守此地。勞費既多而裨益甚少。是以中國不願收取。

貴國與此地隔一大山守之亦頗不易果爾則俄必取之俄取之恐於中英兩國均多不便似不如立約公同保護較可經久沙云英廷已飭駐俄公使與俄外部商議英俄須各自派員赴帕察看情形再告中國云云昨得竹筼同年來信謂俄外部之意以帕地係中俄接壤英祇因保護之阿富汗稍有毗連與中俄情事不同似欲擯英不使與聞福成竊謂俄人所以欲拒英者以去英則中國較易商量也中國所以願合英者以得英則中國隱張聲勢也刻下此事能否就範其樞要在俄而不在英尤在英俄之先自籌商而中國暫無從攙越中

國祇能靜候音信隨宜應付遲速聽之可也滇緬界務旣交
敝處開議如能先定大略規模則勘界大臣可稍免臨時周折駁辯數條頃始接外部覆文堅持不肯稍讓據外部稱緬督將到尚當約同集議馬格理係原議畫押人員屆時擬遣往爭論須儘數月之內與之磋磨希冀爭到得半之數亦可收場已甚喫力總之此事持論則以援案展界爲詞命意則以保固滇邊爲主要使數十土司稍有外障以關之不致被英邊吏脅爲兩屬此則於大局不無裨益耳以上各節伏乞回明
堂憲爲禱肅泐奉達敬請
勛安

五月初八日

英字第二十七號

論英國禁煙會始末書 壬辰

敬再啟者·上年五月間·有英國禁煙會紳士埽司屋爾阿來山德兩人·來 敝 處謁見·面陳本年該會紳等·在下議院議禁止印度種煙一事·議員中意見相同者·多至一百六十餘人·爲向來所未有·當卽聞之英廷·英廷交上議院·答覆之詞·頗以印度餉項無出爲慮·惟謂此時中國如欲加重抽稅·以期禁止·或從此禁止不准進口·英國決無敵讎之意云云·該紳等念鴉片流毒中國已久·今英廷顧念大局·旣有此言·應請中國乘此機會·設法禁止·當將上議院答覆會紳之文面呈 敝 處以爲憑

證并携呈同治八年　鈞署照會英國阿使之文內有勸英國禁止販煙之語謂今日情形異於疇昔中國如持此議該會紳等竭力相助不難辦到囑將此意轉達鈞署請示　福成明知事體重大辦理正復不易念其來意誠懇未便漠然不應因囑該會紳繕具公函許為轉達此五月杪事也旋值內地教案蠭起該會中係教士居多衆心惶怯不暇及此未幾而議院放假會紳各自散歸至十一月初在巴黎接到該紳等來函二件當即譯出核其所言大旨即係五月間面談之語本擬即時代陳惟念交涉事繁如梅生之案坎部之事滇邊之

議頭緒方多恐　鈞署不遑議及是以暫將此件擱起
昨該紳等又來使署探問回音福成自不得不爲轉達
鈞署第體察目前事勢議院諸人旣有悔禍之心英
政府亦無啟釁之意但以禁止一節聽中國辦理爲詞
雖其意仍在諉過中國未必眞有願我禁止之心然我
於此時果能迎機而導未始非轉弱爲强之候且洋人
所謂禁止之道仍不外乎加重抽稅一法查光緒十一
年曾侯與外部議定稅釐并徵之時奏稟及條約中俱
已預爲陸續議加張本是此事如果籌辦亦非全無根
據儻因此而進口之數少減固爲正本淸源之上策卽

不減而稅釐有加於舊亦不失爲取益防損之善謀惟事體關係較重非到機緣十分湊拍究未敢輕於發端所有該會紳先後交來各件一併譯稟錄呈應如何答覆之處卽請回明　堂憲裁示爲禱肅此再叩　勛安

五月初八日

譯禁煙會參贊阿來山德來函

敬陳者七月初一日蒙大人接見並飭司屋爾囑將禁煙之事繕具公函呈閱自謁見後適値放假之期相近是以躭延時日不能早將此稟繕成殊深悵悵茲本會董事等已擬就一稟經總統董事參贊等簽

名並將四月初一日賓星弗爾克孫在議院代國家所議各節一併載入送呈鈞鑒蓋本會欲鄭重出之令一切良法美意足備

中朝之採擇非敢輕忽此事遂致遲延也現已將稟刊印所簽之名亦照原底彙列諒與大人之意吻合本會欲刷印此稟者非卽欲流傳廣布故不刻入本會報單亦不刊入新聞紙不過備會中各董事閱看而已儻

中朝欲將此稟付梓亦無不可今附上稟藁三分並報單如再要多容後續寄特肅布陳敬請鈞安阿來

山德謹啟・

譯禁煙會董事麥的生總統士比斯參贊員陳亦小山德公函

敬陳者・本會總統前在下議院所擬各節・蒙大人允達・貴國政府不勝欣幸之至・本會設立已閱十七年・會中皆公保各黨執政之人及各方耶穌教人查一千八百四十年間・爲鴉片事兩國搆兵・旋經議和修好・而洋煙從此暢銷中國・有損華人・且與華律相背・本會每深悵惜・自天津條約稅則定後・鴉片不在禁貨之列・竊揣此非

中朝頓改初意・謂鴉片無害於民・實由迫於歷年戰

事無暇顧禁本會故欲力助
中朝冀兩國修改條約之時中國可以力禁鴉片進口前煙台條約議改稅釐併徵卒於一千八百八十五年立約此約係照
中朝所擬而定時前任大臣曾侯訂立此約極嘉許本會相助之意語載曾侯信內此信曾刊於一千八百八十六年十二月本會報單中但本會不能以立此約後即已副期望之意若印度政府仍做此害人貿易本會意總不妥嘗聞道光年間我國公使勸中國將鴉片作進口貨收稅當時奉中國

上諭曾云欲朕收取害民貨稅萬不能行本會每思此言極爲欽佩凡教中規矩視四海如同氣譬如兄弟二人兄受利弟受害則大以爲不然歷年以來本會每乘機會陳說於議院中所可喜者議院各紳近以此爲非者較多於往年本會總統議院紳士寶星比斯於四月初十日擬一應辦之意見附列於下

本議院意見以爲但加重鴉片稅則尚非合理辦法須力勸印度政府不再給發種煙及賣煙之准單除售作藥料之鴉片不計外又應禁止馬爾華鴉片過英國印度之境

此意見一百六十十人爲是一百二十九人爲非

本會甚願各紳意見多合當議論時前孟買總督外部侍郎寶星弗爾克孫代國家聲明禁煙之語附列於下

此事我可聲明儻中國欲加重鴉片煙稅雖加至極多或竟全行禁止不准入口英國必不欲費一鎊金錢以買藥彈以傷一兵強令鴉片入中國

本會欲將此要語請大人轉告

貴國政府至如何趁此機會禁止此等害人貿易本會固不敢代爲設法但所欲表明者中國儻有禁止

印度鴉片之意本會極願扶持刻下英國知中國受
喫煙之毒較前更詳一千八百六十九年間 總理
衙門行文於寶星阿里國極言鴉片之害茲將此文
譯錄於後內載所擬各條彼時竟置之不理今若擬
有此辦法必不至於寢擱但中國內地不准種罌粟
一層亦須切實擔保在內本會極望大人並中國
國家承受
天祐速滅鴉片無窮之災難及中國民人昌盛肅稟
敬請鈞安伏惟垂鑒總統比斯董事麥的生參贊阿
來山德代禁煙會簽名一千八百九十一年十一月

十一日。

譯禁煙會刊刻阿公使申報本國原文

一千八百六十九年。英公使阿大臣與　恭親王及總署大臣。往來會商多時。　恭親王等欲將鴉片准入中國之款作爲廢紙。茲將中國來文節錄如左。

華商賣給貴國者。乃佳茶好絲。均係有益之物。英商賣給中國者。乃係鴉片。無異毒藥。似此作爲。殊屬不公。無怪人心不服。最可慮者。中國官民每謂英國有意毀壞中國。並無眞實和睦之情。英國旣稱富而好禮之邦。專爲流通中外貿易而來。何不將此害人之物除去。想英國必不因此無益生理。致招中國官民怨恨。通國斥駡。蓋停止種煙。所失帑項有限。特請貴大臣轉稟貴國。飭下印度及他處。將種煙之地。改種穀米棉花。我中國亦嚴禁栽種罌粟。則此項生理既停。自無喫煙之害矣。本王等深有厚望焉。

出使公牘卷之四終

出使公牘卷之五

無錫薛福成叔耘

書函　致總理衙門總辦

論與英國爭梅生罪案並八募設關書 壬辰

敬啟者五月初八日肅布一緘詳論各事計達　典籤六月初四日接奉　堂憲四月十三日公函敬悉壹是梅生一案外部初次復文及　敝處第二次照會外部文前已譯稟咨呈　冰案近日外部尚無復文惟據馬格理述及外部之言初次則謂接上海英按察使來信稱上海華官於渠判斷此案均已愜意並無謂其辦理不

公之處且有送禮酬勞之說頗疑　敝處有心挑剔又謂律例之事由刑司專政即外部亦不能盡知等語及接　敝處第二次照會則云此文甚爲利害頗覺不易囘答又聲稱已交大律師秉公速斷惟現距監禁九月之期將滿　福成　慮其屆時先行釋放然後以不能捕得爲詞昨已電達南洋請其在滬延西律師担文於前控炸藥之外另以三事控之英按察使一通會匪二違例雇八三偷運禁物並將　敝處與外部前後照會洋文原稾函鈔寄去總之梅生之事若不切實理論彼必以含糊了結則後患滋多　鄙意必須辦到更判定罪庶足彰公道

而徹將來外部度我堅持到底或稍有轉圜之說馬格理又云此事喫緊一分則周漢之案暗中卽可放鬆一分其餘可隱相抵制者亦頗不少雖小事而實要端也滇緬分界之事近遣馬格理赴外部與山特生歐格納及印度部侍郎貝蕾會議一次貝蕾謂中國向不講求商務此次必欲在八募近地設埠以大金沙江爲兩國公用之江究屬是何命意馬格理答以聞福成云雲南礦產甚富而運道極艱卽如目前起解京銅勞費遲延至爲不便若由滇境内之大盈江取道大金沙江入海一水可達天津此中國所必爭且此事於英人在緬商

務亦未始無益若滇貨不出大金沙江則越南之東京現已通商如由滇境經紅江取道富良江入海較之目前運道由滇而蜀由江而海亦尚便捷則通商之利盡歸法人之手商人既走熟越南一路而欲改使入緬勢有所難似非中英兩國聯絡交誼之意也山特生等均大以爲然用筆誌之福成之意則以我不立商埠於緬境彼必立商埠於騰越騰越陸路直接印緬若使異族麕集窺我礦產之富將來事端必多故不如由我設埠緬境縮轂大盈江之口分彼八募之利設關徵稅必可暢旺以上兩端若無中變似稍易商其南掌撣人之境

劃歸中國一層頗難就緒。又野人山地在大金沙江以西者約四分之三。在大金沙江以東者約四分之一。鄙意與議以江爲界。則彼此畛域劃然中分。或可屏蔽數十土司。不致被彼蠶食。無如印緬各員以翡翠玉石等礦皆在此處。堅不肯舍。福成尚當據理與爭。雖甚喫力。亦所不憚。能多爭得數分甌脫之地。究於各土司有益。刻下適屆英議院更換議員之期。英人向分公保兩黨。就所選議員之衆寡。而政府及各部大僚之更動亦視爲轉移。恐外部或須換人。尚難預定。月內此事暫停會議。須至閏月始能再談。福成懸見趁此時候滇中派員先查明附近滇邊之野人山地或各土司之地有與犬牙相錯者・必須大勢瞭然・庶稍杜彼族希冀朦混之心・此本係兩國當查之事・彼之查勘・已不止一次・我亦先宜派員往查・明示彼以不忘此土之意・或較易於就範・亦免兩國會勘之時・更滋口舌・伏乞回明 堂憲裁示爲禱・又 福成面晤歐格訥・據云約需冬初赴華・計到滬已值封河時候・擬先至朝鮮・明春入都・蓋歐兼任朝鮮使事也・此人能稍遲到京・免其另生枝節・於事亦未始無裨・謹以附聞・肅泐布達・敬請 勛安 六月初八日 英字第二十八號

論阿富汗侵擾蘇滿卡倫書 壬辰

敬再啟者。五月二十一二十五六月初三日。疊奉鈞署三電。敝處當復電在案。查此事第一次詰問外部時。外部謂因我未將欲守帕地之意。先告英國。致有此誤。是彼意仍跟上年送圖一節而來。如謂阿富汗此番舉動。英人全未與聞。固難深信。竊料英之嗾阿。當在去冬窺我欲棄帕地之時。迨我守帕而阿爭之。已出英人意外。至後來之逼遷而回。似該處阿員妄作。不但英廷不知。或并非阿酋之意。頃告知外部。據稱已立電印督轉告阿酋。諭什克南頭目立時釋放。惟阿什等處尚未通設電綫聞由印度寄信至彼約需兩旬方到福成現擬告外部必須阿酉認錯賠禮并償卹被遷之回民方可完結能否辦到雖無把握然必如此下手方爲得體其若何收束則祇可相機爲之

鈞署來電謂告喀使以阿兵佔地彼不甚在意許竹使來函亦謂俄外部於此事佯爲不知其意殊難揣測然我若不於此時明告俄人非特代英阿兩國受俄之催逼卽他日俄有責言我轉無以應之故不如明告之爲愈昨已電商竹使矣三國分地自是將來歸宿但蘇滿地方既有

御製碑文似應竭力爭爲中界此體統所關不能過於

退讓現交阿兵暫守他時與英理論或尚較易於俄嘉峪關至烏魯木齊電綫既發款與辦仰見　堂憲綢繆全局應機立斷欽佩無已此後西事方殷信息靈捷裨補大局實非淺鮮但不知需費若干何時可成耳肅此再頌　勛綏六月初八日

論阿酋擾卡及梅生非案滇緬界務書　壬辰

敬啟者。六月初八初九十六十九閏六月初一初五初十日疊奉　鈞署各電。敝處先後電復在案。查近日交涉各端。中英會立坎巨提新酋一事。大致業已妥協。但冀新疆派往會立之員妥慎將事。不亢不卑。即可完竣。本日謹具摺奏明。另鈔稟咨呈　冰案。帕米爾事自以三國分界為歸宿。而俄廷於勘界一事。尚未開議。現又派兵巡帕。據英外部函告　敝處云。近接駐俄公使來信言俄廷現派游擊喬瑙夫率師赴帕。意在探視該處情形。且冀阿富汗因俄師之來。不與布回為難。並聲明此行不犯阿富汗亦不犯中國但冀中國駐帕之兵或因此可撤去云云惟外部之意頗慮俄人言不由衷且欲愼觀其後近日英京各新報論說紛紛大意謂俄兵入帕英人於印度早已有備無患恐中國將來不免受虧此雖英俄素日互相猜忌之習然時會所趨局外之言不無可採茲將英外部來函及新報二則譯稾鈔呈阿富汗遷還布回一節近接外部函稱印度來信據阿富汗酋覆云此事伊處並無所聞如果確實渠自當將布目釋放又閱新報阿境內屬部近有叛亂之事俄兵與阿兵鬭於蘇滿俄兵被擒殺者十餘人內訌方亟外患

將乘前函所擬飭令賠禮邺償之處祇可相機酌辦所有外部來函一并譯呈梅生之事敝處屢電南洋於炸藥之外請律師再控以便更讞迄未辦到旋接英外部函稱准於監禁期滿之日逐出華境福成念其與鈞署初意尚合且人既釋放勢須另起鑪竈因亦不復再爭昨已照會外部綜論始末以著兩國辦理懲犯各案我甚嚴而彼甚寬借一事以形他事仍寓立竿見影之法藉作釜底抽薪之計容即另具公牘咨呈以備查核滇緬界務因首相沙侯將告退外部尚書閒換勞偲伯里月杪能否會議尚難豫定古勇薩洞納二地既承

電示、久隸版圖、自當據以力爭、以杜彼族覬覦之意、一切情形、俟會議後得有梗概、再行續布、以上各節、祈即回明 堂憲爲禱、肅泐、敬請 勛安、閏六月十九日 英字第二十九號

譯英外部寶星克蕾致參贊馬格理函

敬啟者、本衙門頃聞印度衙門云、阿富汗王答覆所問之事、據阿富汗王云、並無拿獲布回頭目之信、儻此信果確、寔自當將布目釋放、應回明貴欽差爲荷、此復、順請台安、克蕾謹啟、

譯英外部侍郎山特生致參贊馬格理函

敬啟者、沙侯請閣下轉達貴欽差、云代理駐俄公使

自俄京來信稱俄外部云阿富汗既奪布回之羊以當貢獻中國兵仍駐紮阿爾楚爾帕米爾是以俄將遣游擊喬瑙夫率師至該處巡閱約八月中可歸俄外部聲明此行無意據地不過探視情形而已且冀阿富汗因俄師之來不再與布回爲難而中國兵或因此可撤又云喬瑙夫此行奉命不犯阿富汗亦不犯中國兵且不近興都哥士山云山特生謹啟

節譯馬格理之子馬繼業自喀什噶爾來信

此間諸事棘手俄領事勢不相容時嫉華人從中爲難因華人固深畏之也帕米爾事如何了結實難懸

揣兩月前約有俄兵三百名至大喀喇庫爾南眉咯爾地方距華兵駐紮之郎庫爾約尚有一日半路程當時情形甚爲可駭自俄兵復回阿賴爾之後較爲平靜又深恐華兵與阿富汗兵或至起釁六禮拜前果有阿人約二十名忽至阿爾楚爾之蘇滿塔什謂此地屬阿富汗令華兵退出華兵初不允嗣後議定兩國之師均退出蘇滿塔什地方此係華兵所定之議聞華兵駐阿爾楚爾者盡已退至色勒庫爾之布倫庫爾矣

譯斯丹達報論帕米爾事 西八月初三日

俄羅斯經營中亞細亞，近更有事於帕米爾，觀其用意較往年尤深。記去年我英武員數人遊歷上奧克蘇斯河荒地，突見俄幟數處臨風飄搖，遂裹足不復深進。彼時俄師駐紮該處，雖不至無禮於諸員，然示此地若屬彼管轄，可以閉絕外人也者。考此地半屬阿富汗，而餘屬中國，從未聞爲俄屬。當時沙侯立即馳牘森彼德堡申問緣由，而俄廷謂此非朝廷命意，乃該處將領所爲，以致開罪英員，謙詞謝過。無何，印度之市謠傳四起，謂可薩克馬軍（俄兵名）又至，其勢洶洶，視前更甚。今日我英政府接有信息，謂所傳皆確。

回憶俄廷謝罪言無幾時而舉止不同如是也然歷觀往事來者可知俄之理外務也其在京城恆辭謙而理正婉言謝罪甘語允從而將領在外仍自得步進步有利必趨至政府何以對答外人有若弗知也者時而倔强不順君命時而無端又興師徒此固開疆拓地之狡謀實俄羅斯之故智若謂帕事獨不類此有識者必知其非矣俄在中亞細亞進取斷無已時俄政府必以此事明告中國而華員必知俄員之狡詐強猛爭論而折服之以保守其固有之地尤為要圖至我英曾與阿富汗立約如有外患必保護之

則俄廷又必觀我英政府之意。安知不限以界畫。以阻其直進哉。夫此地猶屋之脊。赤露天空。不足以蔽商旅。曾不屑費此脣舌。然以大局計。則阿爾楚爾帕米爾。乃由北犯印度之要區。則俄將領之欲撫有其地。或欲通道其間。固在意中。幸印度邊防鞏固可恃無恐。然俄師近逼。則防堵加警。而軍需驟增。禍變漸滋。而外藩騷擾。不如及其尚遠。盡力以阻其來。乃今日所最急者耳。阿王安勃特臘蠻之才幹警敏。善交印度。毋暱強俄。彼固知之矣。惟其天性素慢。盛氣不平。又確知若過屈於我英。非所以示其民。故近者獨行其是未免侵侮境內各小部國中內訌境內京城及侯勒特閒闡諸屬部本屬阿富汗者又起兵變勢甚倉皇故阿富汗之率師在外者奉召馳歸以剿叛部近聞諸兵調自北省者爲賊所敗兵爭一事在阿富汗本習爲常然此次爲患尤亘該王幾有不安於位之苦觀此知阿富汗境內有諸部之變境外有強俄之侵則該王必應與印度結好也明矣

譯遊歷印度人致斯丹達報館論帕米爾事書（西歷八月初三日）

俄兵據帕消息於中英兩國極有關係然於中國尤

甚故詳言之甲必丹喬瑙夫已至興都哥士山一事儻此說果眞則俄政府竟無異負諸失信是不可以一息姑容者矣帕米爾俄兵之數甲必丹喬瑙夫所帶者必不踰五百人蓋此行彼自認專爲探路人多則令人生疑況糧餉輜重載運甚難非大措置不能進大軍帕米爾人煙稀少正亦無須動大軍耳俄兵或已至中國境内之塔戛爾瑪及阿克塔什則未可知因中國極西邊界固在蘇滿塔什也我英政府近於乞托拉爾雅辛那戛爾之舉先患預防印度兵力保守有餘故俄人此時進犯與我英關係較輕中國

則正與我英相反刻下俄之舉動於中國何等岌岌試展地圖一覽而知俄兵業至塔戛爾瑪及阿克塔什儻據有其地必將進窺回疆並先圖喀什噶爾成功而後已直逼南北西三面而後待時而動竭全力以塞其東面乃可取道以直達於西藏矣僕謂近者乞托拉爾稚辛那戛爾之佈置防穆斯塔格興都哥士之南則有餘然俄若遷移其帕米爾東之邊界而至阿克塔什之南則此後步驟必及其西或侵佔阿富汗一面然後我英之責任伊始因此面尚未設防耳但就俄現據塔戛爾瑪及阿克塔什觀之我英原可不

甚經意然如下碁然俄人目下此着後患可想而知而帕米爾西面並阿富汗一面亟須嚴防彼此後舉動必不出此數處豈可不思患而預防哉

譯英外部侍郎山特生致參贊馬格理函

敬啟者上海總領事來電云中國官員所聘訟師謂梅生並無加重罪名實據然彼亦並未設法覓保是以是月之杪即須逐出華境矣沙侯囑告閣下轉達貴欽差爲荷山特生謹啟

三論滇緬界務書 壬辰

敬啟者。本月初七日。祗誦堂憲六月十九日公函。並大咨及鈔件等。領悉壹是。自前月至今疊奉鈞電。均經先後電復在案。滇緬界務。因值英外部交替延擱多時。至本月十二日方接新外部勞偲伯里照會。定於十二日派山特生貝蕭與馬格理會同商議。計又談過兩次。查從前曾惠敏所索三端利益。其中以大金沙江爲中英公用之江。及中國於八募附近之地設立商埠。此兩端大致曾經議論。其南掌揮人之地劃歸中國一節。現尚未談。緣此次福成所與力爭者。在分劃野人山地自二十四度半以北以大金沙江（即厄勒瓦諦江）爲界江以東盡歸中國此層辦法原在舊索三端之外當時曾侯雖偶有此說尚未暢所欲言外部亦未允許但思目前不如此劃界則滇緬之境總未能截然不紊將來仍不免有誘脅我騰越邊外土司作爲兩屬之事聞緬督現方建議由八募造鐵路直至米紀納之地再由米紀納渡大金沙江而東直達昔董是其用意已可概見（福成）因探得劃江爲界之說英廷前雖未允卻不甚以爲非頗合西例馬格理謂祇須 鈞署堅持相助似可如志如得此一端則其利益足抵前議三端而又過之且其

勢如順流而下卽三端中亦必有兩端可得者如此則滇西諸土司安如磐石目。鈞署來電所稱騰越各關外土司地數十里及一二百里者如在太平江以北之地均已總括在內無待煩言現擬以全神爭此一著萬一倉猝不能辦到則相機轉圜歸到三端似更易於就範惟旣爭此地則南掌撣人等地不能不略爲放鬆巳囑馬格理向外部微露其意蓋以野人山地與撣人等境比較其利益大小相去懸殊又聞南掌撣人實已大半歸屬暹羅故不欲受其虛惠也昔董卽薩洞納做處春間曾照會外部催令將英兵速撤至今未接復文據馬格理云英兵如退出昔董則大金沙江以東彼亦無險可據自然悉爲我有故以催令撤兵爲緊要關鍵前日會議之時山特生謂英兵如離昔董則彈壓野人保衛商旅應由中國任之答以中國自必力肩此任無須豫訂蓋從前西人嘗以此等措詞嘗試中國因得遂其侵佔之計今宜有以力折之也又聞英駐昔董兵僅二百名因得地勢輒思久據萬一彼果撤兵應請 鈞署電告滇督迅即派兵一營塡紮其地以據形勢而資鎮定必可永久相安矣所有訂期會商情形合先布陳伏乞回明 堂憲爲禱肅泐敬請 台安 七月二十五日 英字第三十號

論漢口英領事帶兵船赴湖南書 壬辰

敬再啟者。漢口英領事聲稱帶兵船赴湖南一節。鈞署以其違約妄爲。囑商外部撤去。當飭馬格理往告。據外部云。此事關係頗重。總須待華使來文聲說明白。或撤或留。方可酌辦云云。竊意華使徇庇領事。決不肯據實陳報。必多遁飾之詞。聞其前日電告外部。謂 鈞署並未向彼提及。初無欲撤領事之說。外部因謂此意出自 敝處。然疑竇一啟。諸事掣肘。恐妨全局。昨奉 鈞電。知已電鄂鈔寄該領事致蔡道函件。屆時自可據以辯論。仍請 鈞署明告華使。以前電 敝處日期。囑電外部以釋前疑・至兵船入湖一說・空言無實・彼易狡賴・恐領事或難撤動・然幸賴此一著・以柔華使及領事之氣・暗中不無裨益・俟鈔函到後・當再切實理論一番・然後相機了結也・並乞回明 堂憲爲禱・再頌 台安・七月二十五日

論辦理教案善後章程書 壬辰

敬啟者。敝處曾因清查教堂育嬰一事。電商　鈞署。茲再詳晰言之。查上年教案事結之後。本擬妥籌善後章程。峴帥亦屢有信來。意在及時補救。以保內治之權。冬間又接傳相來函。知有教士在津門遞呈。請由教王派總主教來華。專理教務等情。福成悉心體察。此事應由南北洋妥商建議。請　鈞署主持奏明飭使臣照會外邦。則步驟方不淩亂。今春曾擬善後章程十條。函商南北洋。福成駐巴黎時。飭參贊慶常與教王所派駐法公使。一再晤談。微示此意。該公使深以為然允報明教王定奪又聞土耳其近與教王通使立約之後教士皆安分守法一變舊習因又囑慶常向土國駐法公使詢問章程譯寄北洋以備採擇自三月杪回英之後因理論坎巨提及梅生罪名滇緬界務諸事未暇籌議及此近接北洋來電知改派總主教一層尚難就緒而教王於　敝處亦無的實回音自以暫緩為是惟乘去年教案之後總宜略有變更因於前擬章程十條中抽出育嬰一項專以清查此事藉釋羣疑為言囑慶常往商法外部詎外部以各省新出揭帖及陝西教案為詞堅不就範且據送閩領事所收各項揭帖　福成查

帖內有庚寅年刊刻等字樣因令慶常答以教案及周漢等案疊次議結此等數見不鮮之件一概不能再提外部謂此項揭帖實係新出至年月則可隨意捏造又答以年月捏造者頗少且安知非領事去年所收藏至今始呈報乎至各處教堂啟釁之由咸以育嬰爲藉口欲爲經久之計不得不設法剖白以靖浮言再三爭論外部始允以後准中國官紳到堂觀看即日函囑李梅酌辦茲將擬商育嬰堂條議一件鈔稾呈 覽伏乞回明 堂憲並將 鈞署近日與李梅商論情形 示知以便飭慶常相機因應於事不無裨益再據英外部稱

漢口嘉領事報湖南揭帖愈出愈多力請電達衙門嚴禁昨已發電矣歐格訥於旬內啟行專肅泐布敬請

勛安 八月初三日

英字第三十一號

擬商育嬰堂條議

查西國教會在中國各處所設之育嬰堂因中國士民素懷疑慮恐致匪徒造言生事是以擬定辦法俾釋羣疑而杜訛言茲將各條開列於後

第一條

一現在西國教會在中國各處所設之育嬰堂共有若干處坐落何地應由各國駐京大臣開單知照

總理衙門存案將來添設之處亦由該大臣開單知照均由中國　國家飭令各省督撫轉飭　地方官認眞保護

第二條

一各處教會所設之育嬰堂應准中國官紳及體面之人前往觀看俾官紳等皆知該堂爲正經善舉以便開導百姓而使該堂之功德昭然共見則人自敬佩毫無疑惑矣

第三條

一各處育嬰堂首領應按季將本堂嬰孩出入數目

開單報明地方官存案。遇有死亡者。亦報明地方官查驗。飭派土工斂埋。並准令紳民往看。以破疑團。而杜仇口。則剜眼剖心之謠。不辯自明矣。

第四條

一凡育嬰堂收養嬰孩之時。應查其來歷。如有形跡可疑者。卽報地方官。儻係竊取之孩。查有實據。仍給還其家。如該堂曾經報官存案之嬰孩失去。亦可報明地方官。設法查追。

第五條

一教堂收育嬰孩。本係為善之道。斷無中國愚民所疑之事。然愚民所以起疑者。則中國拐匪累之也。中國有等拐匪。慣騙小孩。肆行殘酷。如　大清律例所謂採生折割之事。無所不有。迨經地方官嚴捕。往往投入教堂。恃爲護符。教士不知而誤收之。俾得仗勢欺人。遂致衆情忿怒。轉以拐匪所爲之事。指目教堂。百喙莫解。況拐匪亦甚狡獪。往往騙得數孩。以一孩送之教堂。俾教堂與之同擔惡名。亦太不值矣。自宜嚴飭教士。切不可濫收莠民。如接地方官符檄。卽速交出。如此可保育嬰堂不至誤收被拐之孩。亦可保教堂聲譽日起。

第六條

一育嬰堂如能限定但收十歲以上或十二歲以上之孩童更可免招浮議

第七條

一各教堂育嬰堂首領與中國地方官紳應和衷共濟彼此以禮相待但不准干預地方公事儻遇有事之時可速報地方官妥為保護

第八條

一以上各條應飭地方官及各育嬰堂遵照施行

論豁除海禁招徠華民書 壬辰

敬啟者近日接到新嘉坡總領事黃道來禀大略謂坡埠富商多屬閩人雖正朔服色仍守華風然大抵土著多而流寓少其視中國官吏有同陌路偶有回華再來者無不切齒痛恨極言宗族戚里之訛索官長胥吏之欺侮多自居化外不願歸國間有以商賈往者不曰英人則曰荷人反倚勢挾威干犯國紀推原其故蓋緣中國舊例有不准出番華民回籍各條當順治康熙之時因海寇盛行嚴設海禁例意森嚴今則鄰交已訂海禁久弛與往昔情形截然不同而舊例並無廢棄明文奸

胥劣紳·恃有此條得以藉端訛索·致回籍華民·萬萬不能出頭·必須大張曉諭將舊例革除庶華民耳目一新·往來自便·力請　福成　奏開舊禁本日業已具牘·據原稟咨呈　冰案竊思此等舊例在今日原同隔歲之舊歷·積年之廢券·存之毫無所用·而一經劃除·可以禁遏訛索招徠羈旅·收拾既散之人心·挽回積壞之大局·所裨實非淺鮮·惟事關各國交涉·與數十萬華民之向背·似不當由　福成一人具奏必須　鈞署以全力主持·方能·與沿海疆吏·呼應靈通擬請回明　堂憲·酌奪具摺上聞·恭候

命下之日通飭沿海各省暨出使各國大臣一體遵行

憲見如此此此信到後無論　堂憲能否允辦尙祈先行

電示以便轉告黄總領事似於公務有裨專肅布達

敬請

勛安九月二十二日

英字第三十四號

四論滇緬界務書 壬辰

敬啟者十月十五日接奉　堂憲吉字二十一二十二號兩函敬聆壹是嘉領事各項函件均經細閱卽遣馬格理赴外部告以實在情形據山特生稱嘉領事年來多病難免性情躁急而漢口事務又繁已密商歐格納酌量調一簡缺俾資休息或漸須告退回國均未可定但不能不稍有遲迴以化形迹耳滇省新繪沿邊地圖攷證詳覈可備證據蘷帥稱英所注意似在騰越西北通藏之要路實係洞見癥結之論此卽大金沙江東西之野人山地做處所以力爭劃江爲界者職是之故近

據外部稱此地嘗歸緬甸管轄。現方催彼呈出確據。以驗其虛實。普洱以南瀾江以東之擺人地。歸我頗難控制。歸彼又慮內逼。自係實情。惟權其利害重輕。則內逼尤所當慮。作爲甌脫一節。英廷向不喜此辦法。且恐名爲甌脫。仍漸被彼佔據。進窺滇境。自不如先索之歸我。約章既定。流弊較少。仍令各該土酋列爲屏藩。處之羈縻之列。由我保護。實與甌脫無殊。似亦不難控制。惟聞擺人各地大半已歸屬暹羅。客歲英與暹羅定界。又稍割以畀暹。所存似已無幾。又查車里孟連兩土司幅員頗廣。久在滇省版圖之內。外部忽稱向屬緬甸。福成初甚駭異嗣將數十年來洋人遊歷車里孟連各書仔細繙閱每稱有緬官到此又稱入貢於緬始知乾隆中年以後如孟艮孟密木邦蠻暮諸大土司悉爲緬甸所吞噬車里孟連雖屬中國不免陰與緬通以圖固圉英人遂得藉端饒舌然中國既失緬甸於前斷不可於車里孟連諸地稍有所讓幸福成於發端之始已索潞東全地獲占先著由此益知我不索地則車里孟連彼必益思侵占抵制愈難矣自索分野人山地以來外部設辭延宕已三閱月迭經催駮甫於十月二十七日十一月朔日會議兩次大抵野人山地爲英人全神所注能否

竟允劃江爲界。尚難預定。然此事原爲前索三端。盤旋作勢。儻三端中能得其二端。似可見風收帆。察看情形。總當以辦到爲歸宿。伏乞回明堂憲爲禱。肅泐布達。敬請

台安。十一月初四日

英字第三十六號

論巴西招工事宜書 壬辰

敬再啟者。巴西遣使駐京一事。前函已陳梗概。頃復詳加探訪。知該國政府用意。實係專注招工。竊查從前美洲各國在華招工之弊。如古巴秘魯等處。皆有洋人集貲在中國招雇華工。與立合同。給發船費。運送該處。轉鬻於種植田園。實需雇工之人。視爲奇貨。迨合同限滿。又被一再轉鬻。終身淪於異域。役使無異牛馬。所以有猪仔之稱。自日秘兩國訂立條約。稍革此弊。然當時因欲顧全先到之華工。不免受彼牽制。所立約章。尚難盡如人意。惟赴美國之華工。人人有自主之權。獲利較豐。

稱爲樂土邇來該國又有驅逐之政而華民之生計稍絀今欲爲吾民廣濬利源莫如准赴異域傭工而保其自主之權杜其驅逐之漸則必待彼再三籲懇與之議立專章添設領事方可操縱由我儻彼稍未就範不妨始終堅拒蓋彼因注意招工而遣使或因不許招工而撤使似亦不妨聽之然後招工可無流弊竊謂此事樞紐在許華工自往而不宜允其來招華民適彼國者苟獲贍身家豪樂利往返自如出入無禁則聞風者且源源而往本無所用其來招務使人人有自主之權去留久暫悉從其便則田主非但不能虐待而挾制扣留轉

鬻諸弊亦不禁自絕矣至訂約之始尤宜以重領事之權杜驅禁之萌為歸宿然後稽查有法而規模可久若夫洋人或挾重貲或駛巨艦動輒來招數千百人運往該國輾轉販鬻必當嚴立章程懸為厲禁自無疑義因遣使一節福成既為轉達故再將招工利弊切實言之

使中回明堂憲察核為禱再頌台安十一月初四日

五論滇緬界務書 壬辰

敬啟者。滇緬界務。自仲冬朔日會議兩次後。未能合龍。又遣馬格理到外部數次。設法磋磨。惟野人山地。印度英官全神所注。不肯劃大金沙江爲界。異常堅韌。印度部尚書金白蕾尤蠻橫無理。受印度武員之慫慂。謂中國向不爭邊地。儘可遣兵徑自經理。所以昔董既未撤兵。旋又紮營昔馬。攻擊野人。復派兵至盞西邊外之開社。公言不諱。查野人山本中國有權之地。彼不俟兩國理論妥協。輒先派兵占踞。非特顯違公法。大有藐視中國之意。觀其如此舉動。則彼既得野人山地。難保不再聽武員之言，誘脅沿邊諸土司，窺伺滇西一帶要地，殆有必至之勢，其端倪已呈露矣。且聽印度部各員議論，其所以揣測　鈞署及滇帥之語，至爲可恨。所以連發兩電，力請示以堅持不讓，使彼自知所揣未確，必稍奪氣。外部亦深以印度部爲非，惟不欲與顯立異同，所以必欲俟我嚴詰，方可從中轉圜。昨告以中國亦須派兵赴夙昔有權之地保護華商，其意稍有顧忌，蓋在我不違公法，而在彼必形掣肘也。大抵兩國辦理交涉，其詘伸損益之數，仍各以力量爲主，使臣口舌筆墨之功，不過可得十之二三。中國實在力量並不讓人，無如數十年來辦理交涉·尚未處處力爭先著·以致積重難返·爲彼所輕·固不能不設法整頓·而滇省逼近强鄰·選將練兵·必不可緩·庶和局乃可長恃耳·至野人山地滇圖既在邊外·無論爭之難得·即令得之· 福成亦知滇省派兵派官·尚有爲難之處·然使彼族得之太易·又必益啟戎心·故宜儘力理論·使彼稍讓我以利益·然後我之讓之·亦爲有名·庶可牽狡謀而資持久· 福成擬即親赴外部晤勞偲伯里·切實爭論·頃據山特生來函·昔馬似有兩處·英兵所踞·蓋非盞達之昔馬·山實盞西邊外之昔馬也·伏乞囘明 堂憲·爲禱·除備牘咨呈梗概外·肅泐布

達。敬請

台安。十二月初九日

英字第三十七號

出使公牘卷之五終